Dix années de blogues

Réflexions sur les arts martiaux – 2003 à 2012

Bernard Grégoire, Shihan Bujinkan Québec
www.bujinkanquebec.com
© 2013
ISBN 978-2-9813137-5-1

Introduction

Les blogues sont des outils extraordinaires pour partager son point de vue avec d'autres personnes. Quelques-uns cherchent à convaincre, d'autres à dénigrer, les miens comportent surtout des sujets de réflexions et des questions que je me pose sur certaines facettes des arts martiaux.

Je tiens des blogues depuis maintenant plus de dix ans. En dix ans, il peut se passer un tas de choses. Dans l'univers martial, ce laps de temps n'a pas le même impact d'un pratiquant à un autre. Pour beaucoup, le temps s'est arrêté avec la création du style qu'ils pratiquent. Le temps s'est figé au moment même où ils ont mémorisé le kata ou la technique. Pour d'autres, qui ont le privilège de pouvoir suivre un maître comme Hatsumi sensei, de nouvelles connaissances leur sont offertes régulièrement, ouvrant la voie à de multiples réflexions.

Ça fait tout près de quarante ans que je fais des arts martiaux. J'ai eu la chance de pratiquer un grand nombre de styles différents allant du kali philippin au kung-fu du style de la grue et du dragon en passant par le wing chun, le tai-chi, l'aïkido et bien d'autres. Ancienne ceinture noire sixième dan de kempo et quinzième dan dans le Bujinkan, j'ai accumulé une expérience martiale qui m'amène à me poser une multitude de questions. Mon travail de formateur dans le domaine de la sécurité m'oblige à penser autrement qu'une personne qui s'entraîne pour le plaisir. Je n'ai jamais supporté qu'un art martial soit une profession de foi où l'on doit croire le professeur aveuglément, sans se poser de questions. J'ai rencontré souvent des enseignants qui ne toléraient pas qu'on les interroge. J'en ai côtoyé plusieurs autres dont la réponse se limitait à : tu vas comprendre cela le moment venu, quand tu seras prêt. Une réponse de gourou. Hatsumi sensei est le premier qui n'a jamais hésité à donner des réponses à mes questions.

Au fil des années, notre niveau de compréhension se développe, s'affine. Chaque nouvelle rencontre avec un professeur comme Soke Hatsumi apporte son lot de réponses et de questionnement. Chaque thème, chaque explication nous amènent à découvrir de nouvelles facettes du budo. C'est l'avantage de pouvoir évoluer auprès d'une personne qui distribue ses connaissances avec générosité, sans aucune retenue.

Notre monde moderne nous offre des outils formidables nous permettant de partager nos connaissances, nos expériences et notre perception des arts martiaux. Depuis l'année 2003, j'ai rédigé de nombreux écrits sur différents blogues. Internet est un univers en changement. Pour diverses raisons, j'ai abandonné certains de ces blogues pour en commencer de nouveau, dans un autre format ou un autre site. Mes blogues se trouvaient disséminer aux quatre coins de la toile. Une conclusion s'imposait : le papier n'est peut-être pas un support si obsolète que ça.

J'ai décidé de regrouper la plupart de ces blogues en un recueil. N'importe quelle personne qui écrit sur un sujet donné vous dira qu'avec les années, il n'aurait probablement pas couché son texte sur le papier de la même façon qu'il le ferait aujourd'hui. On appelle ça l'évolution. Je ne suis pas certain que je suis encore totalement d'accord avec tous mes textes, mais comme ils ont été écrits ainsi à l'époque, je pense qu'il est important de les garder dans l'esprit du moment où je les ai composés.

Je suis toujours agréablement surpris de voir mes étudiants me ressortir les mots de certains textes datant de plusieurs années. Dans la plupart des cas, j'avais oublié ces lignes depuis longtemps. Ces blogues sont des outils de réflexion. Ils n'ont pas la prétention de détenir la vérité. En tant qu'art martialiste, plus on a de pistes de recherche sur un sujet, plus on a de chance de mieux comprendre l'essence de nos techniques. Les textes touchent des sujets extrêmement variés allant de techniques précises à de la réflexion philosophique. Même si un pratiquant d'arts martiaux qui n'est pas du Bujinkan lit ces textes, il en retirera probablement des bénéfices. Il ne faut pas oublier que le but premier de ces blogues est la réflexion.

Si un seul de ces textes vous amène à réfléchir, à remettre en question ou au contraire à valider certaines de vos connaissances, alors ce livre aura fait son travail. Comme dans tout bon blogue, vous ne partagerez probablement pas tous les propos qui y sont écrits. Le but n'est pas de faire plaisir, mais d'offrir des pistes de raisonnement. Chaque interrogation, remise en question ou validation est une petite graine semée qui nous aidera à progresser.

En japonais, il y a un petit mot qui en dit long : Gambatte (頑張って). Ce petit mot se traduit par « persévérez ». S'il y a un endroit où cette expression s'applique, c'est bien ici. Afin de tirer le meilleur parti de ce petit recueil de réflexion, je vous encourage à ne lire qu'un seul bloque par jour. Lire un tel livre à la façon d'un roman ne vous apportera pas grand-chose. Un blogue à la fois. Notre cerveau a besoin de laisser décanter les informations.

Bonne lecture ! N'hésitez pas à me contacter si vous avez des questions.

Bernard Grégoire
www.bujinkanquebec.com

2012

Ne vous gênez pas
pour demander

26 avril 2012

Nous ne nous en rendons probablement pas compte, mais dans le *Bujinkan*, nous sommes particulièrement choyés. C'est probablement parce que dans le passé j'ai fait des séries télévisées sur les arts martiaux que je reçois fréquemment des courriels d'étudiants que je ne connais pas et qui pratiquent un autre art martial que le nôtre. Plusieurs de ces courriels concernent des questions concernant des styles que je ne pratique pas. Lorsque je conseille à ces gens de poser la question à leur professeur, ils me répondent qu'ils ne peuvent pas. Le plus souvent, ces enseignants se contentent de donner des réponses « tu comprendras lorsque tu seras rendu là » ou encore pire, des réponses du genre « ne te pose pas de question, ce n'est pas martial. Il faut que tu travailles sans te poser de questions ».

Dans le *Bujinkan* la plupart des enseignants sont ravis de répondre aux questions des étudiants. Je me souviens d'une petite phrase d'Arnaud Cousergue qui disait « je suis comme un magasin ouvert, les gens n'ont qu'à se servir ». Je pense que ça illustre bien la philosophie d'enseignement du *Bujinkan*. J'ai déjà pratiqué des styles où le professeur se positionnait sur un piédestal, où il se contentait de faire la technique sans explication sur ce qu'il venait de démontrer. Il faut dire que je ne suis pas demeuré longtemps avec un tel professeur, qui je pense, ne comprenait pas ce qu'il enseignait.

J'invite mes étudiants à poser le plus de questions possible. Et si un jour je n'ai pas la réponse, j'irai la demander à *Soke*. L'ignorance n'est pas souhaitable. Chaque question qu'un étudiant me pose me permet de progresser un peu plus. Il faut faire attention cependant à ne pas pratiquer notre art que de façon intellectuelle. Le corps doit apprendre, c'est lui qui réagira le premier dans la rue lors d'une attaque

La face cachée du *takagi*

22 mai 2012

Chaque *ryu* que nous travaillons renferme ses particularités. Nous venons récemment de terminer une étude en profondeur du *takagi yoshin ryu*. L'étude de ces *kata* est particulièrement intéressante. On y apprend qu'il y a des *kata ura* et des *kata omote*. Qu'est-ce que ça veut bien dire ?

Tout le monde sait que *omote* se traduit généralement par extérieur ou par ce qui est visible et qu'*ura* se traduit par intérieur et par ce qui est caché. Ce qu'il y a de particulier dans le *takagi*, c'est une nouvelle interprétation du sens de *omote* et de *ura*.

Dans ce *ryu*, lorsque le *kata* est *omote*, on déplace l'adversaire pour créer du mouvement. Si l'adversaire est trop costaud, on se déplacera alors ce qui fait que la technique devient *ura*. Les deux versions des *kata* sont indissociables l'une de l'autre. Ce petit principe tout simple en apparence peut s'appliquer à n'importe quelle technique d'art martial. Cependant, l'avantage d'avoir les *kata* sous la main nous permet de comparer l'aspect *omote* et *ura* sur le moment même où on exécute le *kata*.

Mais le *takagi* est beaucoup plus qu'un simple enchaînement de techniques mécaniques. Il nous apprend à travailler trois des niveaux de *kiaijutsu*. Les *kata* de cette école sont généralement accompagnés de *kiai* permettant d'influencer ou de modifier l'action de l'adversaire.

Le *takagi* renferme une école sur les *kyusho*, ces petits points de pressions si utilisés pour équilibrer les forces. La beauté de ce système, est que cette utilisation des *kyusho* tient compte de l'armure du samouraï.

Compte tenu de tout ça, ce serait une grave erreur de se limiter aux techniques mécaniques des *kata*. Le *takagi* est une école merveilleuse qui ne demande qu'à se laisser découvrir.

Le syndrome Schumacher

16 juillet 2012

Présentement, il y a beaucoup d'accidents automobiles au Québec, accidents causés par de jeunes conducteurs. Le point commun avec les arts martiaux : Le syndrome Schumacher. Parce que les voitures sont performantes, qu'elles peuvent atteindre des vitesses élevées, beaucoup de gens pensent qu'ils ont le talent d'un Michaël Schumacher pour faire de la course automobile. Ils ne réalisent pas que pour arriver à pouvoir piloter sur un circuit professionnel, les meilleurs ont eu à se classer après plusieurs années. Les autres, ceux qui ne sont pas dans la course, ne possèdent tout simplement pas les compétences requises pour y être.

Dans les arts martiaux, c'est la même chose. Un grand nombre de pratiquants qui n'ont que quelques années, soit entre 1 et 10 ans d'arts martiaux, pensent qu'ils ont atteint des niveaux supérieurs. Ils sont certains qu'ils pourraient combattre n'importe quel adversaire. J'ai de petites nouvelles pour vous, un bon bagarreur de rue qui ne possède pas officiellement de ceinture noire est probablement de loin supérieur à ces gens. Tant qu'ils ne se sont pas mesurés en situation réelle, ces personnes sont certaines qu'ils sont d'un calibre supérieur.

C'est facile d'appuyer sur un accélérateur. Mais c'est lorsqu'on prend les virages au coude à coude, c'est là que l'on reconnaît les gens qui ont du talent. Il y a un fossé entre le niveau que la plupart des gens pensent avoir et le niveau qu'ils ont réellement. Alors, avant de vous risquer dans une courbe dangereuse, prenez le temps d'évaluer votre niveau véritable. Et si vous réalisez que votre niveau est inférieur à ce que vous pensiez, vous êtes sur la bonne voie. Les années joueront en votre faveur.

SPA

18 juillet 2012

Depuis plusieurs semaines nous travaillons les alignements des os et le bris de la structure de l'adversaire. Nous avons vu comment d'un simple mouvement de poignet, nous pouvions fragiliser la posture d'un adversaire. La semaine dernière, nous avons utilisé trois lettres pour faire prendre conscience aux étudiants de ce principe de base que l'on peut appliquer contre un adversaire beaucoup plus costaud que nous. Le mot à se rappeler est SPA.

Le « S » est utilisé pour la structure. Il faut briser la structure de l'attaquant. Lorsque l'on brise sa structure ou son *kamae*, ça prend une petite fraction de seconde avant que l'adversaire ne retrouve son plein potentiel. Le bris de structure va du très léger déséquilibre au genou brisé. Le « P » est un aide-mémoire utilisé pour briser le psychologique de l'adversaire. En combat, si l'adversaire en vient à douter de lui, c'est qu'on a réussi à atteindre son mental. S'il n'arrive pas à nous atteindre, si on le regarde avec un petit sourire qui le déstabilise, ou s'il reçoit une pluie de coups frappés qui affecteront son moral, alors le résultat est atteint.

Le « A » est pour le mot agressif. Il faut changer son mode agressif ou attaque en mode défensif. Si une douleur suffisante est créée, s'il voit un grand nombre de coups arriver sur lui sans qu'il ne puisse rien y faire, alors la porte est ouverte pour terminer ce combat à notre avantage. Il peut être psychologiquement vaincu, mais s'il tombe en mode rage, il continuera d'être agressif et dangereux. C'est la différence entre le psychologique et l'agressif. Dans le désespoir l'agressif peut encore attaquer, c'est pourquoi il faut qu'il tombe en mode défensif. Lorsque ces trois principes sont réunis, nos chances de gagner notre combat contre un adversaire plus costaud sont alors au maximum.

Le souci du détail

30 juillet 2012

À une certaine époque, je pouvais passer trente à quarante heures par semaines dans un dojo. Aujourd'hui, je suis plus raisonnable, je ne dépasse que de temps à autre le vingt heures par semaines sur le plancher du dojo. Ça a fait 28 ans en juin que j'ai débuté dans le *Bujinkan*. Ça fait environ 39 ans que je fais des arts martiaux. J'ai eu la chance de m'entraîner dans plusieurs styles. J'ai atteint mon 15e degré dans le *Bujinkan*, un 6e en karaté et j'ai fait également de nombreux autres arts martiaux. Le plus beau est que j'aime toujours ça autant et peut-être même plus.

Hatsumi *sensei* m'a permis de découvrir le sens du détail, ce petit quelque chose qui manque à la plupart des styles d'arts martiaux. Lorsque l'on regarde *Soke* faire une technique, on ne doit pas tenter de voir le *kata* qu'il fait, mais on doit se concentrer sur les petits détails, ceux qui ne se laissent pas dévoiler si facilement. Le corps qui varie sa position de quelques millimètres, le poignet qui tourne très légèrement permettant ainsi de briser l'alignement des os de l'adversaire, ou simplement ce regard accrocheur qui affecte le jugement de l'attaquant. Il ne faut pas non plus oublier la maîtrise des *kyusho*, ces points qui rendent le corps humain si vulnérable.

Nous sommes à l'époque des nanotechnologies, ou l'infiniment petit vient bouleverser le monde tel que nous le connaissons. Hatsumi *sensei* utilise ce principe d'utilisation de mouvement tellement petit, tellement faible qu'on a l'impression qu'ils n'existent pas. À l'époque où beaucoup d'arts martiaux dépendent de la grosseur des muscles, *Soke* nous amène à utiliser ces mouvements imperceptibles permettant d'affecter ces structures qui semblent invulnérables à première vue. La force de l'esprit sur la matière ? Peut-être, je ne sais pas. Mais si la maîtrise d'un art martial passe par un chemin, elle ne passe sûrement pas par celui de la force brute. Il faut avoir servi de sac de frappes à quelqu'un comme Hatsumi *sensei* pour comprendre comment ces douleurs occasionnées par de si petits mouvements peuvent engendrer tellement plus de douleurs qu'une frappe effectuée simplement avec les muscles. Alors la prochaine fois que vous regarderez quelqu'un comme Hatsumi *sensei*, arrêtez-vous à ces petits détails, ceux qui font vraiment la différence.

L'art de bouger

16 août 2012

Nous mémorisons un nombre incroyable de techniques. Nous apprenons diverses façons de frapper le plus fort possible. Nous manipulons toutes sortes d'armes allant du sabre au *kyoketsu shoge* en passant par l'*eda koppo*. Mais nous avons parfois tendance à oublier l'essentiel, le petit détail qui fait toute la différence.

Apprendre les arts martiaux c'est un peu comme acquérir un nouveau programme d'informatique complexe. Imaginez un programme comme Photoshop ou tout simplement Word. La plupart des gens sont capables d'attacher des mots, de faire une mise en page simple et même d'y ajouter quelques photos. Pour faire tout ça, on utilise peut-être 10 % de ce que peut faire le logiciel. Il y a une énorme différence entre faire une mise en page et faire une mise en page. Le même programme aux mains d'une personne qui le maîtrise donne des résultats spectaculaires.

Il en va de même dans les arts martiaux. L'un des points les plus négligés est sans aucun doute la qualité du mouvement. Hatsumi *sensei* met beaucoup d'insistance sur l'importance de bien bouger. Un jour où nous discutions avec lui à son bureau, Francine et moi, nous parlions des sources de notre art martial. La conversation a naturellement dévié sur l'art de bouger. *Sensei* nous a dit que si nous voulions savoir comment bougeait Gamon Doshi, nous n'avions qu'à le regarder bouger. Depuis le début la création de notre art martial, la qualité du mouvement est probablement une préoccupation qu'on eut tous les *Soke*.

Bien bouger nous permet d'avoir à éviter d'utiliser une vitesse excessive pour parer un coup de poing ou éviter la lame d'un sabre. Bien bouger nous permet d'entraîner notre adversaire vers des zones vides, où l'adversaire éprouve des difficultés à reprendre le contrôle de son *kamae*. Ces *kyusho* du vide comme les a déjà nommé *Sensei*, nous sont accessibles lorsque notre mouvement est bien contrôlé. Alors que ce soit pour marcher, pour vous asseoir ou simplement pour attacher vos lacets, de quelle façon allez-vous bouger ?

Développer sa compréhension martiale

1 octobre 2012

Lorsque l'on pratique des arts martiaux, je ne parle pas de sport de combat, on devrait toujours prendre conscience de la faisabilité de la technique en situation réelle.

Il y a plusieurs années, un professeur d'art martial démontrait dans un magazine, une technique de défense contre une attaque au couteau. Sur la photo, on pouvait voir le pseudo maître crocheter le bras de l'attaquant de son pied, laissant passer la lame à quelques centimètres de son artère fémorale. On peut retirer plusieurs leçons de cette publication. Un, le rédacteur qui a accepté l'article ne devait rien connaître au combat en situation réelle. Deux, celui qui a écrit l'article ne possédait visiblement pas la capacité à voir si une technique est réaliste ou pas.

Personnellement, sans harceler mes étudiants, je les amène progressivement à ce qu'ils puissent voir si la technique est réaliste ou pas. Il faut pouvoir séparer le côté artistique de l'aspect pratique. Généralement, après un an de pratique chez nous, un étudiant qui fait un autre art martial a tendance à poser des questions embarrassantes pour le professeur. Il est devenu capable de voir si une technique est réaliste ou pas. Je dis généralement, car malheureusement ce n'est pas tout le monde qui peut développer cette conscience de la réalité martiale.

Je dis souvent à mes étudiants : « ne croyez jamais vos professeurs. Regardez si ce que je vous enseigne est réaliste et n'hésitez jamais à poser des questions ». Ne pas se poser de questions équivaut à une profession de foi. Poser des questions nous amène à prendre conscience de l'importance de chacun de nos gestes au sein d'une technique. Comme tous les professeurs, je suis confronté au fait que les étudiants ayant déjà fait d'autres arts martiaux aiment bien démontrer leurs connaissances. Si la technique est bonne, je ne me gêne pas pour le dire. Mais trop souvent, je démontre à l'étudiant que s'il fait cette technique de cette façon-là, l'adversaire peut simplement contrer leur défense par des gestes souvent très simples. La question qui s'en suit est généralement du type : pourquoi mon professeur enseigne-t-il cette technique comme ça ? J'essaie toujours de trouver des réponses polies, mais dans la réalité, la réponse est simple : il n'avait tout simplement pas la capacité martiale, l'expérience ou le talent nécessaire pour voir qu'appliquer ce genre de technique était synonyme de perdre son combat lors d'une confrontation en situation réelle.

Si tous les pratiquants d'arts martiaux développaient cette compréhension martiale, il n'y aurait sûrement pas autant de nouveaux styles d'arts martiaux. Les vieux maîtres nous ont légué tout ce qui est nécessaire pour se défendre de façon réaliste. Malheureusement, il arrive parfois que certains professeurs brisent cette chaîne de transmission de la connaissance en y ajoutant leur point de vue personnel. Pour cette raison, il est de la responsabilité de l'étudiant d'apprendre à voir le réalisme des techniques enseignées. Il faut faire attention ici pour ne pas mélanger art martial et sport de combat. Les règles de protection du combattant que l'on utilise dans une arène de combat ne s'appliquent plus dans la rue.

Trop de pratiquants d'arts martiaux sont des machines à accumuler les connaissances sans avoir la capacité d'en saisir toute la profondeur. La prochaine fois que vous apprendrez une technique, essayez de voir de quelle façon votre adversaire peut contrecarrer votre défense. Prendre conscience de ses faiblesses c'est développer ses forces.

Apprendre de ses erreurs

7 décembre 2012

Laissez-leur le temps de faire quelques erreurs.

J'avais une conversation intéressante ce soir avec un étudiant. Il me disait que dans un petit dojo où il allait, comme le groupe était peu nombreux, le professeur passait tout son temps à les corriger. Je pense qu'il est resté un peu surpris quand je lui ai dit que si par exemple j'avais à enseigner à seulement deux étudiants, je ne les corrigerais pas constamment. Je prendrais du recul pour les laisser travailler par eux-mêmes afin qu'ils commettent quelques erreurs. Il faut qu'ils aient la chance d'explorer. C'est ce que fait Hatsumi *sensei* et lorsque c'est fait avec l'idée qu'on est loin de maîtriser la technique, on finit toujours par s'apercevoir de certains défauts, de fausses pistes que l'on s'est données.

On peut enseigner en obligeant les étudiants à photocopier nos mouvements. Mais, ce n'est pas apprendre, c'est copier. Si l'on se contente de recopier un mouvement sans comprendre tout ce que ça comporte, je pense qu'on ne peut pas appeler cela faire des arts martiaux. Faire des arts martiaux, c'est se cogner le nez sur certaines techniques difficiles à apprendre. C'est accepter que l'on doive travailler des mois de temps certains principes avant de pouvoir vraiment les utiliser. Certains artistes peintres peuvent reproduire des tableaux de maîtres avec une exactitude remarquable. Mais ils ne se démarquent pas, car ils sont incapables de créer, ou dans notre cas, de s'adapter à diverses situations. Apprendre de ses erreurs, c'est se donner la chance de trouver des solutions alternatives lorsqu'on ne réussit pas une technique correctement. C'est également s'obliger à comprendre le mécanisme qui fait qu'une technique fonctionne. Naturellement, à la condition que notre partenaire ne fasse pas la technique à notre place.

J'ai passé aujourd'hui une bonne partie des cours à travailler le *ganseki nage*. Je n'ai pas simplifié la technique pour que les étudiants la réussissent. Non, je l'ai enseigné dans sa forme la plus difficile, comme elle se doit d'être enseignée. Trop souvent pour éviter que l'étudiant se décourage, ou qu'il n'abandonne (ce qui est une perte monétaire pour le dojo), le professeur va substituer un *ganseki otoshi* à la place d'un *ganseki nage* pour éviter trop de trouble d'apprentissage à ses étudiants. Parfois même, c'est totalement différent de la forme de base. Est-ce que c'est vraiment leur rendre service ? Si l'étudiant a trop de difficulté, on le limitera simplement à ces deux *ganseki* sans enseigner les *ganseki osae, ori, osu, koshi, keri* et autre afin de le ménager. Faire des arts martiaux demande des efforts, pas seulement physiques, mais intellectuels.

Apprendre de ses erreurs, chercher à comprendre, affronter des échecs pour finalement trouver la bonne manière de faire les choses, tout ça porte un nom. On appelle ça l'expérience.

Ninja et sécurité

7 décembre 2012

Les fêtes approchent et pour la première fois depuis des mois, j'ai un peu de tranquillité. J'en profite pour faire un peu de ménage dans mes fichiers. En faisant cela, je suis retombé sur les notes qui m'ont permis d'écrire le livre sur la gestion de la sécurité dans les événements spéciaux. En ayant ainsi pris de la distance, je réalise que cette gestion est beaucoup plus près du *ninja* que je ne l'avais jamais réalisé auparavant.

La gestion des événements spéciaux est beaucoup plus proche de la pensée *ninja* qu'on pourrait le croire. La réalité d'un *ninja* n'est pas seulement de combattre, mais de gérer des situations. Il y a beaucoup de similitudes entre des opérations de sécurité et une opération *ninja*. Dans les deux cas, cela demande de nombreuses préparations. Dans les deux cas, il faut savoir s'entourer des bonnes personnes et de pouvoir évaluer la capacité des gens qui œuvrent autour de nous. Apprendre à évaluer une situation fait partie des deux réalités.

Dans le feu de l'action, pour les deux situations, il faut apprendre à évaluer les faits et prendre les décisions adéquates. Il faut également apprendre à prévoir l'imprévu, à pouvoir se retourner sur une pièce de monnaie. Il faut étudier le terrain, la météo, les risques de blessures (ou de pertes humaines). Il faut tenir également compte de l'équipement disponible (clôtures, signalisation, etc.) que l'on peut utiliser (les armes pour les *ninjas*) et de ce que possède comme ressource l'ennemi, pardon, je voulais dire la foule.

Naturellement, dans les deux cas il faut préparer des stratégies d'évacuation de la foule (ou de fuite pour le *ninja*) et prévoir un plan B si jamais tout ne se déroule pas comme prévu. Il faut prévoir des chemins pour le passage d'ambulance en cas d'urgence, ce qui s'apparente fortement aux techniques d'évasion du *ninja*. Dans les deux cas, il faut prévoir le mouvement de la foule (des troupes ennemies), et l'état d'esprit dans laquelle elle se trouve. Dans les deux cas, il faut passer le plus inaperçu possible afin de ne pas stresser les gens en face de nous. Mais même si l'on est discret, à tout moment il faut être prêt à intervenir.

Que ce soit pour coordonner des actions, régler des problèmes, gérer les entrées et sorties, ou pour toute autre phase de l'opération de sécurisation des lieux, la pensée *ninja* est un atout incroyable. Et cela va dans les deux sens. Si vous êtes à un endroit et qu'un drame se produit, les mêmes façons de penser pourront vous aider à vous sortir des pires scénarios. Après tout, le rôle de ce type de sécurité n'est-il pas de protéger les gens présents pour sa famille pour le *ninja* ?

Les principes derrière les techniques

10 décembre 2012

Le *kukan*, pas si vide que ça...

Ça fait des semaines que j'ai l'intention d'écrire ce blogue, mais en plus du manque de temps, ce n'est pas si facile que ça de mettre en mot tout ce qui fait la beauté du *kukan*. Le mot *kukan* désigne essentiellement le vide, le vide laissé entre *uke* et *tori*. Peut-on vraiment combler le vide par des mots ?

Le *kukan* s'accompagne essentiellement de deux autres principes. *Yoyuu* que l'on pourrait traduire par surplus, abondance, débordement, et le *kyojutsu*, qui est l'art de donner une fausse réalité à l'adversaire.

À l'exception du *Bujinkan*, tous les autres arts martiaux tentent de combler l'espace vide entre le défenseur et l'attaquant. S'ils ne tentent pas de combler cet espace, ils vont tout simplement l'ignorer (par ignorance ou inconscience, je l'ignore). Seul Hatsumi *sensei* nous enseigne comment utiliser cet espace vacant à notre avantage.

Hatsumi *sensei* a déjà dit que le tigre est dangereux, seulement si on est sur le chemin de ses griffes.

Je pense que la première règle d'utilisation de l'espace est d'apprendre à bien bouger dans cet espace. Le *taijutsu* doit être fluide. Les mouvements doivent être rapides, précis et sans saccade. Lorsque je parle de rapidité, je ne parle pas du fait d'avoir des réflexes de jeune coq, mais de pouvoir se déplacer sans se presser, dans l'espace laissé vacant par l'attaquant. Il faut arriver à développer une vision, où on a l'impression que l'attaquant nous agresse au ralenti.

Souvenez-vous de la première fois où on vous frappait au ventre et que vous deviez, avancez, en vous déplaçant en triangle pour éviter l'attaque. Votre corps stressait, vos émotions vous amenaient presque à paniquer. Après quelques semaines déjà, pour le même exercice, vous pouviez vous déplacer sans vous presser, et ce, même si la frappe entrait plus rapidement. Déjà, votre utilisation de l'espace s'améliorait.

Yoyuu

On peut traduire *yoyuu* par le mot surplus. S'il y a un surplus d'espace lorsque *uke* nous attaque, alors pourquoi ne pas l'utiliser ? L'agresseur donne son coup de poing. Si son subconscient lui donne l'information que le poing va atteindre sa cible, il va probablement continuer dans la même direction. Si on a assez d'espace et d'habileté pour reculer jusqu'à la limite maximale où le poing peut se rendre, il est probable alors que l'attaquant puisse se mettre lui-même en situation de déséquilibre.

Kyojutsu

On peut également utiliser le *kyojutsu* pour fausser la collecte d'informations de l'attaquant. Bien que ça ne soit pas aussi simple, on peut tenter de résumer une partie du *kyojutsu*. De façon simpliste, si vous offrez une cible à l'attaquant, il est probable que dans une logique de combat, il tente d'avoir accès à cette cible. Si vous offrez votre figure aux poings de votre adversaire, au moment où il tentera d'atteindre cette cible, vous devez vous déplacer dans un espace où il ne pourra pas vous atteindre, mais un espace où vous pourrez l'atteindre. Il sera trop tard pour lui pour changer de stratégie. Votre aisance de déplacement dans cet espace est cruciale.

Dans le *kyojutsu*, on prendra conscience des portes dérobées. Ces sorties d'urgence qui nous permettent d'atteindre la victoire au moment où tout semblait perdu. L'utilisation de ces portes dérobées fait partie du *kyojutsu*. Leur apprentissage est essentiel pour une victoire contre un adversaire beaucoup plus puissant que nous.

Occuper l'espace

Si *uke* désire se déplacer à un endroit donné et que vous vous trouvez une fraction de seconde avant lui dans ce même espace, probablement que vous allez réussir à briser ou à l'empêcher de prendre un *kamae* solide. Si l'espace que la tête d'*uke* désire occuper et qu'elle est déjà prise, probablement que ce dernier compensera en s'appuyant sur ses lombaires pour éviter la collision et se mettra lui-même en situation de déséquilibre.

Bref, nous avons tellement à apprendre du vide...

2011

Se faire frapper

21 janvier 2011

Connaître les conséquences

Les premières années où j'ai pratiqué les arts martiaux, les équipements de protection n'existaient pas. Lorsqu'on s'entraînait au combat, le sang coulait fréquemment. Entre amis, il nous arrivait souvent de faire du full-contact. Le corps s'habitue à recevoir des coups, à passer par-dessus la douleur, à ne pas se laisser arrêter par la douleur. Faire du combat avec des côtes cassées ou fêlées n'est pas agréable, mais je peux vous dire par expérience qu'une fois réchauffé, c'est assez facile de le faire avec un peu de bonne volonté.

Est-ce que c'est intelligent pour autant ? Je ne pense pas. Mais lorsque l'on est jeune et inconscient, ce n'est qu'un signe de force et d'endurance, une manière de flatter son égo.

Savoir contrôler la douleur

Avec les années, je suis toujours partisan qu'un art martialiste doit apprendre à contrôler la douleur. Mais attention, il ne faut pas que ça se fasse n'importe comment, sans aucune conscience des conséquences. Je fais mal régulièrement (entendez, je crée de la douleur), mais en aucun cas, ces techniques de frappe ne causeront de problèmes à long terme. Tous mes étudiants connaissent ce que peut faire une bonne frappe au nerf radial. C'est extrêmement douloureux sur le coup, mais après quelques minutes tout rentre dans l'ordre. C'est un peu comme se cogner l'arrière du coude. Ça coupe l'influx nerveux, et durant ce court laps de temps, le bras ne fonctionne pas.

Il existe une multitude de points spécifiques sur le corps où on peut avoir ce genre d'effet sans causer de lésions. Malheureusement, beaucoup trop de professeurs n'ont pas nécessairement cette compétence et frappent n'importe où sans trop connaître les conséquences.

Oui on peut se faire frapper n'importe où sur le corps et avec un peu de volonté et d'orgueil, on peut aisément endurer ces frappes. Mais que se passe-t-il réellement sous la protection des muscles au moment de ces frappes ?

Débuter l'année du bon pied

J'ai amorcé l'année le premier janvier au matin, avec une douleur intense au dos et au ventre. Rien de très original, de simples pierres sur les reins. Deux jours à l'urgence et c'est presque complètement réparé. Par contre durant ces deux jours, j'ai subi une batterie de tests, dont des examens au TACO.

Je viens tout juste de recevoir le rapport et c'est là que ça devient intéressant. Sans rapport avec les pierres sur les reins, on a trouvé des lésions au rein gauche (je sais de quelle frappe ça vient), ainsi qu'au foie. Des résultantes de frappes un peu trop violentes sur ces organes. Les conséquences à long terme : aucune idée. La seule chose que je sais, c'est que ça confirme ce que j'enseigne depuis des années, de ne pas frapper n'importe où sur le corps et n'importe comment.

Les organes internes sont fragiles. Les conséquences sont généralement à long terme. Il ne faut pas oublier qu'à l'époque où les arts martiaux ont été créés, l'espérance de vie était d'environ 30 à 35 ans. Oui c'est bien beau, le professeur de mon professeur l'a appris comme ça, qui l'a appris lui-même du professeur de son professeur... Heureusement, dans le *Bujinkan*, Hatsumi *sensei* est très conscient de cette réalité et il nous enseigne en tenant compte de cette réalité, on devrait pouvoir se rendre au moins à 70 ans si notre art martial est bien fait.

Alors chaque fois qu'une personne vous frappera violemment au niveau des organes pour prouver sa puissance, dites-vous que les conséquences ne seront pas immédiates, mais qu'il y a de fortes chances qu'ils y en aient à long terme. Frapper fort n'importe où et n'importe comment sur un partenaire, c'est facile. Ça ne demande pas une grande intelligence, ça demande seulement un peu de manque de jugement.

Il n'est pas nécessaire de défoncer son adversaire ou son partenaire pour devenir bon dans les arts martiaux. À cause de mon travail, je me suis souvent retrouvé dans des confrontations où le contrevenant utilisait ses poings et jamais je n'ai eu besoin de blesser ou d'être violent pour contrôler mes agresseurs. Si la technique est bonne, que le mental est équilibré et qu'on a le niveau suffisant, on n'aura presque jamais besoin d'augmenter le niveau de force au point de blesser l'autre. Ceci est encore plus vrai au sein même d'un dojo.

Si on veut préparer quelqu'un à faire face à une confrontation violente dans la rue, il faut le préparer également à la réalité, que ça sera douloureux ! Si on ne peut passer par-dessus la douleur lors d'un combat en situation réelle, on ne pourra s'en sortir sans égratignure ou même sans blessures graves. Encore une fois, je préconise le fait que les étudiants doivent connaître et amadouer la douleur. Nous faisons des arts martiaux et non du ballet. Mais on ne doit jamais frapper n'importe comment sans connaître les conséquences de nos actes.

Le *tachi*, ce méconnu

28 janvier 2011

Depuis quelques années déjà, Hatsumi *sensei* nous a initiés au *tachi*, cet ancêtre du *katana*. Le *tachi* est différent du *katana* sur plusieurs aspects. Sa courbure étant au premier tiers du sabre plutôt qu'au centre comme le *katana*, il est moins approprié au dégainage rapide que le *katana*. Bien que les lames du *tachi* ne peuvent se comparer à la qualité des lames des *katana*, il n'en demeure pas moins que l'utilisation du *tachi* est intéressante, voir même fascinante sur certains aspects.

Apparu au début de l'époque Heian (794-1185), le *tachi* était utilisé par les cavaliers. Pour pouvoir être dégainé facilement, il était suspendu par deux courroies (*ashi*), le tranchant étant tourné vers le bas. On retrouve des *tachi* de différentes longueurs de 60 à 160 cm et parfois plus.

Quelques principes intéressants

Le *tachi* se travaillant à une main, cela permet des combinaisons de mouvements souvent plus complexes à effectuer qu'avec un *katana*. On peut utiliser la garde pour déséquilibrer ou rediriger une attaque tout en contrôlant le corps de l'attaquant de l'autre main.

De par sa forme plus arrondie, le *tachi* offre un déplacement plus fluide autour d'*uke*. La lame peut se glisser plus facilement dans différents angles et permet un meilleur contrôle des bras d'*uke*. Cette même forme arrondie de la lame, autorise une redirection plus précise de la lame d'*uke*, sur certaines techniques de blocage. De plus, comme l'autre bras est libre, on peut se permettre des contrôles qui ne pourraient pas se faire de la même manière avec un *katana*.

Bien que l'on puisse apprendre par techniques et par des *kata*, le *tachi* gagne à être utilisé en fonction de principes plutôt que de techniques. Lorsque l'on comprend les principes qu'autorise la forme de cette lame, on découvre une multitude de techniques et d'applications qui pourront alors se faire de manière naturelle, respectant ainsi tout l'art du *taijutsu*.

En *tachi* on peut frapper l'adversaire avec la garde du sabre. Plusieurs styles d'arts martiaux qui frappent avec des *shutos* pour amorcer une technique, ont emprunté ces façons de frapper au *tachi*. Le *tachi* est plus proche du *taijutsu* sans arme que le *katana*. On se laissera guider davantage par la lame, de manière naturelle. Le sabreur aura davantage tendance à se laisser guider par la lame contrairement au *katana* ou le sabreur guide la lame en fonction de ses besoins. Bref, le *tachi* est plus intuitif. Attention, on ne peut découvrir ce *feeling* qu'en travaillant avec un *tachi*. Le *katana* n'offre pas les mêmes sensations, même si les deux outils sont des sabres.

Bref, le *tachi*, un plaisir à découvrir...

L'apprenti sage

1 février 2011

Des niveaux d'apprentissage

Il est difficile dans les arts martiaux de trouver un système logique capable de déterminer le réel niveau du pratiquant. Certains diront que les degrés ou *dan* sont la référence, mais personnellement je ne crois pas que ça soit toujours exact. J'ai rencontré des gens pas très élevés en degrés, mais qui avait une compréhension des arts martiaux plus grande que la moyenne des gens.

Je pense que l'on peut plus ou moins séparer les niveaux de compréhension en trois blocs. Le premier bloc peut se comparer à l'acquisition de connaissance que peut faire un étudiant qui termine son secondaire. Il a appris les bases, et à cet âge, il est sûr que son opinion sera une vérité incontestable. À ce stade le pratiquant croit qu'il a compris la plupart des choses qu'il a vues jusqu'à maintenant. Il sait comment recopier les techniques, il sait également qu'il est capable de se défendre efficacement. Il est facile pour notre étudiant de recopier les mouvements et de commencer à voir lorsqu'une copie a été mal faite.

Le second bloc peut se comparer au niveau d'un étudiant du bac. Peu à peu les mécanismes qui font qu'une technique fonctionne, se révèle à lui. En regardant une technique, il pose un jugement au premier coup d'œil, étant sûr que son interprétation ne peut être erronée. À la différence du premier niveau, il peut regarder plus profondément au sein de la technique. À ce stade, il est tout à fait certain que la technique ne recèle plus aucun secret pour lui. À ce niveau, il peut créer de nouvelles techniques. En les effectuant, il est certain qu'il vient de révolutionner le monde des arts martiaux. À partir de ce moment, il a déjà construit sa propre structure de la compréhension des choses, et il réfère constamment à cette structure. Lorsqu'il regarde une personne comme Hatsumi *sensei* faire une technique, il superpose sa compréhension déjà acquise au détriment de rechercher de la nouvelle information. Il sait qu'il comprend l'univers et qu'il détient un niveau de compréhension que nul ne devrait remettre en questions.

Ce troisième bloc peut se comparer au doctorat et au travail de recherche qui l'accompagne. L'étudiant en est rendu à l'étape de voir plus loin que la technique. C'est un peu la physique quantique des arts martiaux. À ce stade, l'étudiant réalise que les choses ne sont peut-être pas aussi simples qu'il le pensait à première vue. Il réalise que s'il veut évoluer, il faut qu'il change sa façon de penser, que les apparences sont trompeuses, qu'il existe des choses qui sont concrètes, mais souvent invisibles à l'œil nu. Il réalise que plus il progresse, plus il lui reste des choses à découvrir.

À ce niveau les techniques ne sont plus vues de façon linéaire, mais plutôt de façon 3 dimensions. On réalise que la technique n'est pas du tout comme on le pensait, qu'une torsion au poignet imperceptible à l'œil, ou une traction dans un angle et direction donnée viennent de changer complètement notre première impression de la technique. Il réalise qu'il y a tout un aspect relié à la conscience et à la psychologie humaine. Il réalise qu'un adversaire n'est pas seulement un pantin mécanique qui exécute des mouvements chorégraphiés, mais qu'il peut s'adapter de façon incroyable afin de contre-attaquer. Hatsumi *sensei* nous entraîne dans son sillage, à ce niveau. Un peu à la façon de la physique quantique, il nous faut découvrir ce qui existe, mais qui est invisible à l'œil nu. Malheureusement, il n'y a pas d'accélérateur de particules pour nous aider à comprendre son enseignement.

Un peu comme sur la photo du blogue, les apparences sont trompeuses. Sous ce qui semble un tas de feuilles mortes se cache une personne. Il nous faut apprendre à voir sans se fier aux apparences.

Il est de notre responsabilité de chercher à nous élever, mais sans brusquer les étapes. Un peu comme les padawan des Jedi, nous sommes des apprentis sages.

A-t-on besoin de guerrier à notre époque ?

22 février 2011

C'est une drôle d'époque que la nôtre. Une époque où se côtoient l'homme rose, l'intellect, le philosophe et la brute. C'est une époque où il y a de plus en plus de violence dans le monde. C'est également une époque où le monde de l'armement a eu des augmentations de 8 ou 9 % de profit là où les autres industries connaissaient des récessions. Les cartels de la drogue font des carnages dans certains pays. Les gangs de rues sont de plus en plus à craindre dans les grandes villes. Et on ne parle pas ici du terrorisme.

Est-ce que dans ce contexte on recherche davantage un art martial pour sa philosophie ou pour son efficacité martiale ? Quelle différence peut-il y avoir entre une personne qui excelle en autodéfense et un guerrier ? Est-ce qu'un soldat est nécessairement un guerrier ? La notion de guerrier fait peur à beaucoup de gens. Elle est généralement associée à des actes de violence et à de la barbarie d'une autre époque. Et pourtant…

Personnellement, chaque enseignement que je donne, je le fais avec l'idée de former des guerriers. Il est important de bien faire la distinction entre le guerrier et une personne stupide qui recherche le conflit pour le plaisir. À l'origine, les guerriers avaient pour mission de protéger. Protéger le village, protéger le pays, ou le souverain. Peu importe qui il protégeait, le but était noble, assurer la survie des gens qu'il avait sous sa protection.

Mais avant de protéger les autres, il faut apprendre à se protéger soi-même. Ce qui nous différencie des autres arts martiaux, c'est que notre art martial est un *bugeï*. Par définition, son but premier est la survie et non la compétition sportive ou un accès à une philosophie de vie théorique. Notre art martial est une philosophie de vie en soi. Notre art martial fait ressortir cet aspect guerrier qui peut exister à l'état latent en chacun de nous. Il fait ressortir le guerrier qui sommeille en nous, mais contrairement à d'autres arts martiaux, il ne stimule pas l'agressivité et le besoin de prouver sa puissance.

Pour être un guerrier, il faut apprendre à être calme. Le guerrier est celui qui est calme, car il sait que démontrer du stress, c'est donner des munitions à l'adversaire. Le guerrier n'a pas besoin de démontrer sa puissance. De ce fait, la plupart des gens de son entourage ne sauront qu'il est guerrier, que si le besoin d'un guerrier se présente.

La notion de guerrier est étroitement liée avec un comportement digne. Dans la société, le guerrier n'ira pas harceler son voisin pour le plaisir. Il n'ira pas écraser le plus faible pour faire rire l'entourage. Il sera présent lorsque ça sera nécessaire. Le guerrier n'est pas nécessairement celui qui sortira ses armes à la Rambo. Il peut être n'importe qui, votre voisin, votre patron ou vous-même. Lorsque l'on regarde, dans les pays arabes, les gens qui descendent dans la rue pour réclamer plus de liberté, je ne peux m'empêcher d'admirer le courage de ces manifestants. Des gens qui affrontent des soldats armés, des gens qui se font tirer dessus et qui reviennent quand même manifester au risque de leur vie, on ne peut douter qu'ils aient un sens guerrier, à moins que ça ne soit du désespoir...Les désespérés finissent par s'apitoyer, les guerriers finissent au combat.

Dans un monde d'instabilité comme le nôtre, développer son esprit guerrier n'est certainement pas un luxe. Les crimes violents augmentent avec la pauvreté. L'écart des riches et des pauvres va généralement en augmentant. Les valeurs morales changent au fil des décennies. Anciennement on considérait les gens en fonction des valeurs familiales, des services qu'ils rendaient à leurs proches, au village, bref à la société. Maintenant, on la société classe les gens selon leurs valeurs monétaires, leurs niveaux de vie. Le respect des gens ne peut être le même de nos jours. Les valeurs ont trop changé.

On ne doit pas vivre dans la paranoïa. Mais on peut se préparer pour faire face à l'imprévue. On trouve toujours un peu de temps pour soi-même. On peut jouer au hockey, on peut aller prendre de la bière avec des amis, on peut jouer au jeu vidéo, ou on peut simplement prendre le temps nécessaire à développer notre esprit guerrier.

Le *sanshin* terre

24 février 2011

Personnellement, j'adore le *sanshin* terre. En l'espace de quelques secondes, celui qui l'exécute dévoile complètement son niveau de compétence. Le *sanshin* terre ne pardonne pas. Mais qui est-il au juste pour être aussi impitoyable ?

Les *sanshin* font partie des techniques du *Gyokko ryu*, un *ryu* qui débute dans les années 1100. Ils nous enseignent les bases du *taijutsu* d'une façon surprenante. Il est fréquent qu'Hatsumi *sensei* fasse référence au *sanshin* dans plusieurs des techniques qu'il enseigne. Les *sanshin* se retrouvent dans un grand nombre de techniques.

Que peut nous apprendre un *sanshin* terre ? L'image est un peu grotesque, mais imaginez qu'à la place de votre bras, se trouve un simple morceau de bois, pivotant sur une tige de métal sortant de votre épaule. Imaginez que votre jambe droite est vers l'avant. Ce bout de bois est suffisamment mobile sur son axe pour qu'une simple flexion de votre genou avant, fasse légèrement aller ce bout de bois vers l'avant. C'est l'idée du *sanshin* terre, récupéré le mouvement du corps pour diriger le bras.

Le coup de poing trouve son maximum d'efficacité lorsque les jambes, les hanches, l'omoplate, l'épaule, le bras et le poing sont coordonnés. Le *sanshin* terre est l'art de récupérer l'énergie du mouvement pour la transférer dans la main. Dans le *sanshin* terre, on frappe les doigts regroupés et non le poing fermé. Le but est d'apprendre à coordonner le corps et non d'apprendre à fermer le poing. Que ce soit pour un jab en boxe ou pour n'importe quelle frappe à poing fermé, la plupart des gens ont de la difficulté à coordonner ce mouvement jambe, hanche et poing. La plus petite désynchronisation de ce système amène une perte de puissance appréciable.

Pour arriver à ce maximum de puissance, d'autres conditions sont nécessaires. Dans le *sanshin*, le genou et les orteils du pied avant doivent être alignés dans la même direction. Si vous avez un mauvais alignement des os, vous aurez une perte de puissance. Le coude doit être rentré et non à l'extérieur. Pour les gens qui ont de la difficulté à rentrer le coude, pas de problème. Le fait de tenir le petit doigt avec le pouce et de présenter les trois doigts côte à côte force davantage le coude à rester à l'intérieur.

Une autre chose intéressante que nous enseigne ce *sanshin*, c'est la tension nécessaire à l'optimisation de la frappe. Si vous êtes tendu, ce sont surtout les muscles de l'épaule qui travaillent et ça affectera la synchronisation. D'un autre côté, si on est trop relâché, il y aura également perte de puissance et faiblesse dans l'alignement. De plus, il faudra tenir compte du fait que le *Gyokko ryu* est également un *ryu* de *shitojutsu*.

Avant de pouvoir réunir toutes les conditions nécessaires à l'exécution adéquate du *sanshin* terre, plusieurs années de pratique sont nécessaires. Les *sanshin* ne demandent pas de partenaire, ils ne demandent pas beaucoup d'espace pour s'entraîner, ils ne demandent que de la persévérance.

Victoire ou survie

3 mars 2011

Nous ne pratiquons pas un sport de combat.
La mode est présentement aux combats ultimes. J'admire ces personnes qui ont une endurance incroyable et une forme physique poussée à l'extrême. Pour arriver à cette étape, ils ont fait preuve de volonté et de persévérance. Ils ont de bonnes techniques et sont capables de faire face à des attaquants puissants dans l'arène de combat. Mais malgré cette puissance brute, il y a des limites à ce que le corps humain peut endurer et généralement ces gens le savent.

Vous pourrez toujours renforcer votre corps pour pouvoir résister à des coups de poing à l'estomac, vous ne pourrez renforcer vos paupières contre un simple petit doigt dans l'œil. Le corps humain a ses faiblesses, quelle que soit sa grosseur. Les genoux sont des articulations extraordinaires. Lorsqu'ils travaillent bien alignés, ils sont capables de résister pour soulever des poids incroyables. Mais dès qu'on les frappe dans certains angles de côtés, un enfant de 12 ans peut faire tomber un Goliath.

Le meilleur des combattants peut résister à des coups de poing puissants au visage. Mais un simple *koppo ken* ou une quelconque frappe des jointures à la tempe donnée par le commun des individus peuvent se révéler mortels. Il est difficile de muscler ses tympans contre une frappe de la paume de la main sur une oreille. Un simple doigt appuyé fortement dans le trou de l'oreille peut changer la donne d'un combat. Le plus ironique est que plus le doigt est petit, plus la souffrance sera grande.

Pour celui qui pousse un peu plus loin l'étude de vrais arts martiaux, certains *kyusho* causent facilement un évanouissement, ou dans le pire des cas, un étourdissement qui laisse amplement le temps à un combattant d'exploiter cette faille. On ne peut s'entraîner à résister sur ces *kyusho*. Si on travaille les frappes en onde de choc, il n'y a aucun moyen de s'entraîner à résister à ces frappes sur la boîte crânienne. La colonne cervicale offre une cible de choix pour qui sait où et comment aller la frapper. Même phénomène au niveau des lombaires si on sait comment les frapper. Encore une fois, peu de moyens de s'entraîner à résister à ces frappes. Il y a des façons intéressantes de frapper un nez pour incommoder Goliath durant quelques secondes. Le pelvis est un endroit intéressant à frapper si on sait comment bien le frapper.

Il existe une multitude d'endroits sur le corps où on peut causer des dommages surprenants avec un minimum d'efforts, que ça soit debout ou au sol. Ceux qui pratiquent les combats extrêmes ne sont pas stupides. Ils sont conscients que certaines techniques sont dangereuses, peuvent causer la mort ou des séquelles irréparables. Ces gens se font un code d'honneur (pour la plupart) de ne pas blesser gravement l'adversaire. Ils sont conscients de ces dangers (qui pourraient survenir) et qu'ils pratiquent un sport de combat et non un art martial pour la survie.

Nous vivons dans un monde ou les apparences sont importantes. Il est difficile d'imaginer un film de commando militaire, où le héros ne possédera pas une montagne de muscles. J'avoue que ça serait un peu démoralisant de voir Rambo avec une bedaine de bière. La plupart des gens imaginent le garde du corps comme une machine de combat musclé capable de résister au pire des coups de poing. La réalité est tout autre. Le garde du corps professionnel est ordinaire, c'est dans ses connaissances que l'on peut juger de sa compétence. Attention, ça ne veut pas dire qu'il ne sera pas en bonne forme physique, ça veut tout simplement dire qu'il est une personne ordinaire avec un corps ordinaire. Une des personnes les plus dangereuses que j'ai rencontrées dans ma vie était une personne d'environ 5 pieds 6 pouces, sans muscles apparents, mais avec un passé de commando et de garde du corps impressionnant. Un bonhomme qui en a vu passer des balles autour de lui.

Notre art martial est un *bugeï*, un art pour la survie. Dans un combat réel, tout est bon pour survivre. Si notre vie est en danger, tant pis pour l'adversaire, la réponse sera appropriée à la dangerosité de l'attaque. Malheureusement (ou heureusement), d'un point de vue commercial, notre art martial n'est pas spectaculaire. Seuls ses résultats en situation réelle l'ont toujours été.

La prochaine fois que vous regarderez des combats sportifs, amusez-vous à regarder si dans une situation de survie, certaines zones sont protégées ou devraient l'être, et qui s'offrent aux combattants. Vous constaterez alors que d'un point de vue martial, il y a pas mal de lacunes dans ces combats.

Pas de place au hasard

7 mars 2011

Notre art martial est assez particulier. La plupart des arts martiaux modernes utilisent un grand nombre de mouvements, de frappes, de déplacements qui sont souvent inutiles. Ceci est souvent dû au fait que celui qui a créé le style possédait peu ou pas d'expérience de combat en situation réelle.

Pour être efficace, un combattant doit aller directement au but, sans faire de détours. Plus ces attaques seront directes, moins il y a de chance de se faire frapper. Plus ces contrôles s'effectueront rapidement, moins on laisse de temps à l'adversaire pour organiser une contre-attaque.

Je me souviens d'un bonhomme lors d'une compétition d'arts martiaux, qui effectuait un geste de capture à la hauteur de la tête et qui sautait ensuite sur place à pieds joints. Quelqu'un lui a demandé à quoi correspondait ce mouvement. « C'est simple, j'arrache l'œil de l'adversaire et je l'écrase pour qu'on ne puisse plus l'utiliser ». Un vrai petit génie…

Les gestes inutiles sont présents dans beaucoup d'arts martiaux. Pour plusieurs, c'est probablement voulu par les vieux maîtres qui ont créé ces styles. On dissimule les bonnes techniques en les cachant au sein d'un grand nombre de techniques. Seuls les plus méritants sauront trouver la vérité.

Il est facile de décomposer une technique et de voir si chaque mouvement est adéquat pour donner la victoire. La vidéo est un outil merveilleux pour débusquer ces mouvements sans intérêt. Là où le bât blesse, c'est qu'une grande partie de l'aspect spectaculaire des arts martiaux vient de ces mouvements inutiles. Si on se contentait de faire des combats réels au cinéma, la cote d'écoute baisserait de façon dramatique. On n'a qu'à penser à Bruce Lee qui frotte son nez avec son pouce. Ce simple geste donnait un sens dramatique au combat avant même qu'il ne débute.

Pouvoir réagir instinctivement et utiliser ces mouvements directs demande beaucoup d'entraînement. Ça ne s'improvise pas. Pour y arriver, nous avons des outils extraordinaires. L'un d'eux, les déplacements *sabakki*. Un mouvement *sabakki* est un mouvement exagéré. Prenez notre *ichimonji* de base, le geste est très ample, on recule loin, le corps se positionne bas. Lorsque ce mouvement est très bien maîtrisé, on le réduira en angle, en distance et en profondeur. Le mouvement ne semblera plus le même, pourtant l'essence du mouvement sera présente. À partir de ce moment, l'*ichimonji* sera plus efficace en combat rapide.

Que ce soit pour un *ichimonji* ou que ce soit pour frapper un adversaire, le mouvement *sabakki* nous permet de maximiser des gestes courts, rapides et efficaces. Dans le *sabakki*, chaque mouvement trouve sa raison d'exister.

Le *Bujinkan* nous offre un style où la plupart des mouvements ont leurs raisons d'être. Mais ce n'est pas au *Bujinkan* de former notre esprit martial, il nous appartient de nous prendre en main et de rechercher par nous même, les faiblesses de nos techniques. Le *Bujinkan* nous encourage à créer, à nous adapter. Mais si nous devons créer ou nous adapter, il faut le faire de manière efficace.

À l'opposé

24 mars 2011

La plupart des arts martiaux débutent leurs enseignements à l'opposé de ce qui s'enseigne dans le *Bujinkan*.

Les gens débutent immédiatement avec des coups de poing et des coups de pied. Immédiatement, ils font du sac de frappe, de la compétition sportive. Dans plusieurs de ces styles, les étudiants se font frapper pour développer leur endurance. En gagnant un combat lors d'une compétition sportive, ils ont l'impression de s'améliorer martialement.

Dans notre dojo, les gens apprennent d'abord à bouger. Avant même d'apprendre à frapper, ils apprennent à bouger, à se déplacer dans l'angle idéal, à gérer les distances adéquates, à se positionner stratégiquement. Le problème est qu'il est plus difficile de réaliser son progrès, comparativement à si un trophée ou une médaille sont là pour témoigner de l'amélioration.

Apprendre à frapper avant d'apprendre à bien bouger peut avoir ses inconvénients. Généralement, les gens qui s'initient aux arts martiaux retiendront davantage le matériel qu'ils auront appris dans les deux premiers mois de leur apprentissage. Si l'accent est mis sur le résultat sans se soucier de la façon d'y arriver, le mal est fait. Vous aurez une personne qui frappera assez puissamment rapidement, mais qui aura toujours des problèmes pour maximiser cette puissance de frappe. Le palier de saturation sera atteint assez rapidement.

Il est très fréquent pour moi d'avoir des étudiants qui ont pratiqué d'autres arts martiaux, et d'être obligé de les corriger afin d'augmenter cette puissance de frappe. Comme l'alignement des os, la façon adéquate de bouger n'est pas au rendez-vous, il devient difficile pour ces gens d'obtenir leur plein potentiel. De plus, ces mauvais plis sont plus difficiles à corriger.

Comme dans notre art martial, les gens apprennent d'abord comment bien bouger (comme ça se fait en effectuant des techniques, les gens ne réalisent pas que c'est ce qu'ils apprennent, à bouger), il est beaucoup plus facile par la suite d'enseigner des techniques de frappe qui seront performantes et d'aller chercher la puissance maximale que chaque personne peut donner.

Nous sommes à une époque où les gens désirent des résultats rapides. On n'a qu'à regarder le nombre d'arts martiaux modernes qui proposent ces résultats rapides pour constater cette réalité. Mais un bon art martialiste ne se construit pas en trois mois, un soldat oui.

Alors, par où désirez-vous commencer ?

Expérience et persévérance

5 avril 2011

Lorsque vous entrez chez mon ami Georges, vous avez de fortes chances d'être accueillis par Basho. Basho est un félin un peu grassouillet, qui avance vers vous de manière séquentielle. À chaque léger mouvement que vous faites, il se rapproche de vous. Mais si vous cessez totalement de bouger et de respirer, il s'arrête. Basho agit de la sorte, car il a besoin d'informations sonores pour se mouvoir, Basho étant aveugle de naissance.

Mais Basho n'a jamais rien connu d'autre. Il ne sait pas qu'il est aveugle et pense probablement que tous les êtres vivants sont comme lui. Basho a appris à la dure. Comme tout jeune chat qui se respecte, il aimait jouer et courir. Malheureusement pour lui, c'est avec son crâne qu'il a appris où se trouvaient les meubles, les murs et les descentes d'escalier. Mais, Basho ne s'est jamais plaint.

Basho est affectueux, et il perçoit les gens qui peuvent lui donner de l'affection et de grosses caresses. Il sait cibler ces gens avec autant d'aisance qu'il retrouve sa litière ou son plat de nourriture. Il a développé d'autres sens, et s'en sort à merveille. Basho n'est pas le seul chat de la maison. Il a un compagnon athlétique qui répond au nom de Jimbeï. Un jour que Jimbeï donnait désespérément la chasse à un gros insecte entré dans la maison, Basho en profita pour s'asseoir et écouter tout ce branle-bas de combat qui se passait autour de lui. On peut facilement imaginer la difficulté pour lui de réaliser ce qui se passait en ce moment. Il sentait probablement l'adrénaline que Jimbeï devait dégager dans cette chasse effrénée.

Jimbeï échouait à toutes ses tentatives pour attraper l'intrus. Basho, assis au centre de la pièce, sauta soudainement dans les airs à plus d'un mètre de hauteur, il resserra ses pattes avant l'une contre l'autre, en entraînant avec lui au sol le vil intrus. Basho venait probablement de réussir son *saki* test.

La plupart des arts martiaux reposent sur la vision. Hatsumi *sensei* nous entraîne depuis plusieurs années à développer nos autres sens. En particulier, celui du toucher, de recueillir de l'information de notre adversaire au moindre contact corporel que l'on a avec lui. Il nous enseigne également à capturer l'esprit de l'adversaire. Du *kijutsu* porté à son plus haut niveau. Nous devons apprendre à ne pas dépendre uniquement de notre vision.

Quelle morale retirer de cette histoire ? Je n'en ai aucune idée. Mais chose certaine, persévérance et expérience sont sûrement deux aspects à travailler si l'on veut obtenir des résultats.

Contre plusieurs adversaires

22 avril 2011

Nous étions près d'une trentaine de personnes au dojo la semaine dernière, à s'entraîner dans du combat contre plusieurs adversaires. Dans cet entraînement, nous sommes allés jusqu'à sept contre un. Dans ce blogue, je vais en profiter pour rajouter un peu d'informations complémentaires et pour remémorer certains points qui peuvent s'oublier plus facilement. Pour ceux qui n'étaient pas présents, ce blogue sera peut-être un peu difficile à suivre, le but de ce texte n'étant pas d'enseigner ces techniques, mais simplement de donner de l'information supplémentaire au cours.

Dans les exercices à sept contre un, j'ai demandé aux étudiants de réussir à ne pas se laisser toucher pour une période d'au moins cinq secondes. La raison en est simple, c'est une étape psychologique qui vous permet de vous stabiliser émotionnellement, et qui laisse un peu de temps pour créer une certaine confusion au groupe d'attaquants.

Nous avons parlé de l'évaluation de la situation et l'attitude psychologique à adopter en cas de conflit possible. Comme dans toute guerre, le renseignement est un maillon fort pour accéder à la victoire. Il ne faut pas négliger cette étape.

Sur les vidéos que nous avons regardées, plusieurs points ont été soulevés. Je résume ici ces points : confusion lors du combat, effet tunnel, gestes inutiles, conscience de l'environnement, ne pas faire confiance, les gangs de rues et la psychologie de la meute, ainsi que l'effet d'entraînement de la meute.

Si on combine tout cela avec les exercices de déplacements que l'on a faits, les façons de contrôler les attaquants, les techniques pour bloquer les attaquants, ça vous donne un petit *refresh* de certains des points que l'on a vu dans le cours.

L'entraînement au Japon

3 juin 2011

Ça y est, nous repartons pour le Japon d'ici quelques jours.

Je dois avouer qu'il n'y a pas vraiment de stress. Au contraire, l'idée de se taper autant d'heures d'avion a tout pour nous décourager. Ce n'est pas le voyage lui-même qui est stimulant, c'est surtout le fait d'aller s'entraîner, de revoir les *shihan* japonais et surtout, de pouvoir s'entraîner de nouveau avec Hatsumi *sensei*.

Une fois rendu au Japon, ne vous imaginez pas que ce sont des vacances. Oui, peut-être pour bien du monde, mais malheureusement, pas pour moi. Il est faux de penser que si vous assistez à tous les cours, nécessairement vous en reviendrez avec un niveau technique supérieur. J'ai bien peur que ça ne fonctionne pas tout à fait comme ça.

Oui il y aura une petite amélioration. Mais probablement que vous auriez cette même amélioration en vous entraînant de façon aussi intensive à votre dojo. La différence étant le nombre d'heures supérieur sur le tatami. Ce qui, pour moi, fait la différence, c'est surtout la compréhension de ce que j'apprends au Japon. Dans les arts martiaux, cette compréhension est rarement instantanée. Ce n'est généralement pas un *satori*, une illumination. La compréhension vient avec beaucoup de travail et beaucoup d'effort.

Première erreur

Il est présomptueux de penser que vous allez vous souvenir de tout ce que vous aurez vu sans aucune prise de note. Lorsque l'on suit deux cours dans la journée et souvent trois cours, si on n'a pas pris la peine d'établir clairement quelques points de repère, les techniques du premier cours auront tendance à disparaître rapidement de votre mémoire. Eh oui, la mémoire est ainsi faite. Elle laisse s'enfoncer lentement dans l'oubli les techniques les moins récentes. Elle garde en mémoire vive les deux ou trois dernières techniques. Si vous attendez deux ou trois jours avant de faire une prise de note sérieuse, vous êtes fait. Presque tous ceux qui vont au Japon connaissent cette sensation de savoir qu'il y a une technique intéressante, qui est presque accessible à notre esprit, mais qui ne parvient pas à aboutir.

Seconde erreur

Je suis toujours impressionné du nombre de personnes (et parfois de moi-même), qui ne peuvent comprendre les notes qu'ils ont prises à la sauvette. Ce qui est très clair dans notre esprit l'est généralement moins au moment où on relit ses notes. Après 15 jours, si la prise de note n'est pas faite adéquatement, vous venez probablement de perdre un 30 à 40 % de vos informations.

Troisième erreur

Passer son temps à prendre des notes. Trop c'est comme pas assez. Généralement, la technique elle-même n'est pas très importante. Ce qui est important c'est le principe qui est derrière la technique. Si vous décrivez la technique avec trop de détail, mais que vous oubliez de bien identifier le principe que le professeur voulait mettre en évidence, vous êtes à côté de la voie. Il manquera toujours l'élément essentiel à la technique, ce petit quelque chose qui la rend vivante.

Lorsque je vais au Japon, j'ai toujours mon magnétophone MP3. C'est facile de transférer les fichiers sur mon ordinateur portable. À la pause, si je juge que les techniques sont trop importantes pour que je risque de les perdre, je m'isole dans un coin et je prends en note ce dont j'ai besoin. Si la technique est encore plus importante, je prends en note directement l'info dont j'ai besoin sur le cours. Je ne peux dire si c'est autorisé de prendre des notes comme cela durant le cours, mais le degré de 15e dan donne parfois des privilèges.

Le train qui nous ramène à l'hôtel offre aussi du temps supplémentaire pour prendre ces quelques notes et surtout pour raffiner et ajouter des commentaires. Et naturellement, si un après-midi ou un avant-midi, il n'y a pas de cours, faire du tourisme va passer en second si je suis trop en retard sur la transcription de mes notes.

Le soir avant de me coucher, même s'il est parfois très tard, je me tape le principal du travail sur mon ordinateur. Si j'attends au lendemain, trop de détails sont déjà partis. J'ai quelques fois assisté à certains cours de retour du Japon où le matériel enseigné manquait parfois d'intérêt. Pour éviter d'offrir un tel cours, je n'ai pas le choix que de mettre les bouchées doubles et de travailler fort au Japon.

Hatsumi *sensei* ne laisse généralement pas aux traducteurs le temps de bien choisir les mots justes. Lorsque je doute de la traduction, ou plutôt que je sens qu'il y a un peu plus que ce que le traducteur a eu le temps de traduire, je me dépêche de prendre en notes l'expression ou les mots utilisés par *Soke* pour sa technique. Et souvent, j'ai de merveilleuses petites surprises. Il est important de bien voir ce que *Soke* fait, mais aussi de comprendre ce qu'il dit.

Le fait de retravailler mes notes plusieurs fois m'aide à comprendre les principes qui se cachent derrière les techniques. Il n'est pas rare que la compréhension de certains principes se révèle à moi plusieurs mois après mon retour du Japon. Le cerveau a parfois besoin de temps pour laisser décanter ces nouvelles connaissances.

Pour beaucoup de personnes, aller au Japon est un gros *party*. Alors si vous croyez que le simple fait d'aller au Japon fera de vous un meilleur art martialiste, vous risquez d'être déçu. Le gros du travail se fait après les cours.

L'évolution du *Bujinkan*

13 juillet 2011

Le *Bujinkan* a-t-il changé depuis 20 ans ? Je pense que sans hésitation, on peut dire que oui, il a évolué. Et ce, à bien des points de vue.

Lors d'une conversation sur le sujet avec Kogure San, il nous a dit que *Soke* lui en avait fait la remarque récemment. *Soke* lui avait dit quelque chose comme : « Regarde, maintenant comment ils bougent. Il y a quinze ans, ce n'était pas comme ça. Maintenant, les gens bougent bien. »

Comment bougions-nous il y a quinze ans ? Quelle est la différence avec les gens de cette époque et ceux d'aujourd'hui ? Beaucoup de questions et peu de réponses.

Il y a quinze ans, la plupart des gens se limitaient à faire les *kata* codifiés. Ils ne faisaient pas des arts martiaux, ils reproduisaient les mouvements d'une chorégraphie, tel que l'enseignaient les professeurs. Aujourd'hui, on demande davantage aux étudiants de s'adapter à chaque situation. Durant des années, Hatsumi *sensei* a demandé aux gens de délaisser la technique. Il n'a jamais demandé de ne pas pratiquer les bases, il y a toute une différence entre photocopier les gestes et maîtriser les bases.

Sur un cours de Someya *sensei*, il nous expliquait qu'il y a 15 ans, les techniques ne s'enseignaient que dans certains angles spécifiques à la technique. Maintenant, il faut être capable de bouger dans tous les angles. Il faut s'adapter à chaque mouvement qu'*uke* peut faire. Comme deux attaques ne sont jamais parfaitement identiques, la réponse à ces attaques ne peut être identique. Elles peuvent être semblables, mais le corps lui sera positionné un peu différemment.

Nous devons apprendre à bouger de façon plus fluide, plus librement. Si vous bougez aujourd'hui comme vous bougiez il y a 15 ou 20 ans, alors, posez-vous de sérieuses questions, vous avez un problème.

Les armes

22 juillet 2011

Peu importe l'arme que l'on utilise, trois principes sont essentiels à la victoire.

Le *kamae*

Un *kamae* doit être fort, puissant et flexible en même temps. Avant même que ne débute la confrontation elle-même, votre *kamae* doit être solide. Si vous tenez votre sabre ou votre *bo* et que votre posture est faible, votre adversaire peut utiliser cette faiblesse contre vous-même.

Imaginez une confrontation sabre contre sabre et qu'*uke* vous attaque à partir d'une position *daijodan*. Au moment de recevoir l'attaque, si votre position est faible et que vous reculez sur vos lombaires, il y a peu de chance que vous surviviez à l'attaque.

Le *kamae* doit être fort aussi lors des frappes et des esquives. Attention, le *kamae* n'est pas une position statique. C'est notre positionnement en mouvement. Un *kamae* ne dure qu'une fraction de seconde et doit être renouvelé constamment. Si au moment de frapper votre adversaire un de vos bras plie parce que l'alignement des os est inadéquat et requiert trop de force, cette faiblesse entrouvre la porte à des contre-attaques de votre adversaire.

Les déplacements

Savoir bien bouger est essentiel dans le maniement des armes. Il faut apprendre à bien gérer son équilibre, à se déplacer sans saccade. Pour arriver à ces fins, il faut travailler les bases, revoir les *kihon happo* et prendre conscience de comment réagit notre corps lorsque l'on bouge.

On ne se déplace pas simplement sur un plan horizontal, il faut apprendre à bouger à la verticale. Pour cela, il faut que nos jambes soient fortes. Si on a baissé notre position, il faut pouvoir remonter facilement sans perte de temps.

Le *timing*

Tout le monde connaît ce qu'est le *timing*. Cependant, Hatsumi *sensei* a rajouté une nouvelle calligraphie de *kihon happo*. Il l'a écrit avec des *kanji* différents et une des significations de ces *kanji*, est de maîtriser le *timing* en mouvement.

Habituellement, lorsque l'on parle de *timing*, on pense à une réaction en fonction à une action donnée. Le *timing* se fait généralement sur un point spécifique de l'attaque et ne dure qu'un très court moment. Le *timing* en mouvement doit se faire à la façon d'une danse et on bouge en s'ajustant constamment aux mouvements de *uke*.

Trouver la bonne école

31 août 2011

L'automne arrive à notre porte et c'est bientôt le temps de magasiner une école d'art martial. Pas facile de trouver celle qui convient à notre personnalité.

Partons du principe que nous devons rechercher l'école qui correspond le plus à notre tempérament. Il y en a pour tous les goûts. La première sélection est simple. Est-ce que je désire faire de la compétition ou pas ? Avec cette simple question, on vient de creuser un fossé entre sports de combat et arts martiaux. Si vous aimez la compétition sportive, c'est certain qu'une école comme la nôtre ne correspondra pas à vos besoins.

Notre deuxième question est simple : Est-ce que je désire surtout remplacer un studio de conditionnement physique ou je désire surtout faire des arts martiaux ? Si votre but est de courir le marathon, de faire un record Guinness de push-up, nul doute que vous ne trouverez pas ce que vous recherchez chez nous.

Troisième question et il ne faut surtout pas négliger cette question : Est-ce que je désire acquérir des ceintures rapidement ou ce sont les connaissances qui m'attirent ? Si ce sont les ceintures, vous serez malheureux chez nous. Les enquêtes de marketing ont démontré qu'après trois mois, si un élève ne passe pas de ceinture, il y a désintéressement. Chez nous ça peut aller à un an entre chaque degré.

Quatrième question : Est-ce que je veux collectionner le plus de techniques possible ou est-ce que je préfère développer mes habiletés au combat ? Si vous espérez collectionner le plus de techniques possible, notre école ne vous satisfera pas. Nous développons des habiletés et non de la mémoire.

Cinquième question : Quelles sont les qualifications des professeurs qui vont m'enseigner ? Si les explications paraissent le moindrement obscures, que le professeur semble embarrassé sur son passé, qu'ils ne puissent donner de référence vérifiable, ou que sa certification soit cachée au fond d'un tiroir, on peut être en droit de se poser des questions. Tout devrait pouvoir se vérifier facilement sur l'historique du professeur, ou du moins, toute l'information devrait être accessible.

Sixième question : Lorsque je suis allé essayer gratuitement l'art martial en question, est-ce que les questions que je posais au professeur semblaient l'embêter, ou si au contraire, il semblait trouver ça intéressant de répondre à celles-ci ? Dans tous les arts martiaux, chaque geste devrait pouvoir s'expliquer. S'il n'y a pas d'explication, ça devient un acte de foi. Oui dans les arts martiaux, il peut y avoir des actes de foi, mais avec des maîtres, pas avec les professeurs du coin de la rue.

Septième question : Si je m'engage pour une session, est-ce que je suis prêt à mettre l'effort de participer activement à toute la session ? Généralement, on commence à avoir une idée d'un art martial après quelques mois seulement.

Après toutes ces questions, on peut commencer à espérer trouver la bonne école.

Gambatte

2010

Sanshin

8 janvier 2010

La base toujours la base

Ça ne peut pas faire de tort que de remettre en question nos compétences, nos habiletés et nos connaissances de temps à autre. Il est facile de prendre une mauvaise habitude, un mauvais geste et de l'intégrer à nos mouvements sans s'en rendre compte. Les *sanshin* ne font pas exception à cette règle.

Les *sanshin* sont des bases essentielles. On retrouve le feeling, la mécanique des *sanshin* dans un grand nombre de techniques, non seulement du *Bujinkan*, mais également de beaucoup d'arts martiaux. Les *sanshin* transcendent notre style, ils sont une étude optimisée des mouvements du corps humain. On peut faire toute sorte de variantes à partir des *sanshin*, mais il ne faut pas changer les bases de ces outils pédagogiques extraordinaires.

Les *sanshin* tels qu'enseignés traditionnellement demandent beaucoup d'effort et de persévérance. Ça prend des années pour faire un bon *sanshin* terre sous sa forme traditionnelle. Dans l'exécution de ce seul *sanshin* terre, vous avez une grande partie du CV d'une ceinture noire.

Les *sanshin* demandent une coordination de tous les muscles du corps, un rythme qui est propre à chaque *sanshin*, une compréhension des types d'énergie que requiert chaque élément ainsi qu'un bon alignement des os.

Comme professeur, on se demande et on espère que ce que l'on enseigne soit fidèle à la tradition. J'ai toujours peur de ne pas refléter l'esprit du *Bujinkan*, mais de trop mettre de ma personnalité dans les techniques. Ayant la chance d'avoir un maître de la qualité Hatsumi *sensei*, il est important de transmettre cet enseignement de la manière la plus pure possible. Pour les étudiants qui ne peuvent venir régulièrement au Japon, on doit permettre le meilleur accès possible à cette transmission du savoir.

Cet été au Japon, avec Noguchi *sensei*, nous avons retravaillé les sanshin et *les kihon happo*. Il y avait certes quelques petites différences dans l'exécution des techniques, mais je dirais que nous étions semblables à 95 %, ce qui n'est pas si mal. Lors de ma visite pour le Daikomyosai, Nagato *sensei* a également refait tous les *sanshin*. Je pense que mes étudiants présents sur ce cours vous diraient que nos *sanshin* étaient conformes à ceux de Nagato *sensei* à près de 99 %. J'avoue que j'ai été surpris que nos *sanshin* aient été aussi près que ça de ceux de Nagato *sensei*.

Enseigner les *sanshin* sous cette forme est très difficile. La fluidité exigée, ainsi que la coordination dans l'exécution des *sanshin* est un apprentissage long et difficile. On peut imiter les *sanshins*, mais on ne peut tricher lorsqu'il s'agit de les rendre vivants. Seul le temps peut permettre d'avoir un résultat valable. On ne peut espérer faire un bon *sanshin* en le travaillant quelques mois seulement, c'est l'affaire de toute une vie.

Bref, tout ça pour dire que c'est un soulagement lorsque l'on se remet souvent en question et que l'on réalise qu'on est dans la bonne voie.

Un petit mot pour dire que je suis fier de la qualité des *sanshin* que font mes étudiants et de l'effort qu'ils y mettent pour y arriver.

La transmission *Okuden* ou l'importance des mots

28 janvier 2010

Notre style d'art martial est assez particulier. Il diffère totalement de la plupart des autres styles d'arts martiaux. Dans la majorité des styles, il faut copier le professeur, reproduire ses mouvements. Dans le *Bujinkan* tel qu'enseigné par Maître Hatsumi, il faut apprendre à composer avec sa propre réalité. À cette étape, on vient de perdre un nombre incroyable d'étudiants, qui ne peuvent gérer cette autonomie et cette liberté. La plupart des gens ont besoin d'être tenus par la main et guidés étape par étape.

L'enseignement traditionnel du *Bujinkan* passe par deux étapes. D'abord par l'héritage des *denshos*, ces vieux parchemins qui permettent la transmission de connaissances de base d'une génération à une autre. Cet enseignement ne contient que des notions de base générales. Frappe au visage, torsion du bras, utilisation d'un *kyusho*, des informations qui manquent de précisions. Cette désinformation a deux objectifs. Dans un premier temps, on évite de donner des secrets à l'ennemi s'ils s'emparent des précieux parchemins et dans un deuxième temps, ça permet à celui qui étudie les manuscrits, de ne pas être prisonniers de la technique.

Pour être efficaces, ces techniques ont besoin d'un complément qui est l'enseignement *okuden*. Ce mot se compose de deux *kanji*. Le premier peut se traduire par cœur, intérieur et le second par côtoyer, suivre, communiquer, tradition. Cet enseignement se fait par transmission orale, du maître à l'élève. Cette transmission s'affine au fur et à mesure que l'élève est prêt à en prendre et à en comprendre un peu plus.

Pour cette raison, il est important de porter attention comment Hatsumi *sensei* exécute une technique. Mais je pense qu'il est encore plus important d'écouter ce qu'Hatsumi *sensei* a à dire au sujet de cette même technique. Malheureusement, ce n'est pas toujours dans notre culture d'occidentaux de se concentrer sur le sens des paroles. L'été dernier au Japon, un homme et une femme ont fait une technique très fluide, très réaliste sur une attaque. Hatsumi *sensei* a arrêté les démonstrations et a fait un discours sur la façon dont les deux personnes avaient exécuté la technique. « C'est comme ça que l'on doit bouger en situation réelle. Il n'est pas nécessaire d'utiliser de la force. Il faut bouger de façon fluide, librement, avec les bons angles, etc. ». Il venait de faire une parenthèse sur l'importance de la fluidité, des déséquilibres, etc. Les deux personnes suivantes qui démontraient la technique y allèrent de nouveau en force, se projetant avec force sur le tatami, comme si ce que venait de dire Hatsumi *sensei* n'était pas important. Hatsumi *sensei* leva les yeux au plafond avec un long soupir, se tourna vers Kogure san, celui qui fait les vidéos de Quest, et ne s'occupa plus des démonstrations. Il n'avait visiblement pas apprécié d'avoir parlé dans le vide.

L'enseignement *okuden* est important. C'est lui qui dicte les angles, la distance, l'émotion à utiliser pour contrer l'adversaire et beaucoup d'autres informations. Sans la compréhension *okuden*, la technique n'est qu'une suite de mouvements robotisés, inadaptés pour un combat en situation réelle.

Intégrer les connaissances

18 février 2010

De prime abord, pratiquer des arts martiaux peut sembler très simple. On apprend des techniques et on progresse. Malheureusement, tout n'est pas aussi simple dans le cheminement martial.

Qu'est-ce qui peut bien distinguer un personnage comme Hatsumi *sensei* des autres professeurs de très haut niveau ? Hatsumi *sensei* continue de s'améliorer d'année en année, il continue de progresser à un rythme incroyable. Comment peut-il progresser autant alors que la plupart des gens s'améliorent lentement ou simplement demeurent au même niveau d'année en année ? Je ne parle pas ici de l'accumulation de techniques ou de connaissance, je parle de la capacité à bouger, à réagir, de la capacité d'utiliser les arts martiaux en situation réelle avec de plus en plus de dextérité.

Lorsque l'on progresse dans les arts martiaux et comme dans n'importe quelle discipline, on progresse par paliers. On atteints des paliers où on a l'impression de ne plus évoluer et à un certain moment, cela débloque et on réalise que l'on est devenu un peu meilleur art martialiste qu'on l'était. Arrive à un certain niveau, après bien des années d'effort et d'entraînement, un palier que beaucoup sont incapables de passer.

Depuis quelques années déjà, ce qu'Hatsumi *sensei* nous enseigne entre autres, c'est le moyen de franchir ce palier difficile. *Sensei* ne centre pas son enseignement sur les techniques. Il nous enseigne les moyens d'intégrer tout ce que nous connaissons souvent déjà, à notre art martial, au quotidien. Il faut apprendre à intégrer les principes à notre corps, à nos émotions et à notre intellect. Lorsque cette intégration se fait, la connexion avec l'adversaire peut s'accomplir de manière fluide sans avoir à forcer les mouvements. *Sensei* nous enseigne des comportements, des visions nouvelles à développées, de prendre conscience de perceptions que nous n'avions pas remarquées.

L'intégration des principes martiaux amène progressivement une harmonie et une sérénité, disons rassurante, pour celui qui réussit à intégrer ces principes. On ne doit pas exécuter une technique, on doit la laisser s'exécuter d'elle-même. À partir de ce moment, on réalise que l'on peut bouger mieux, plus librement et plus fluidement, même si la cinquantaine est déjà bien amorcée.

À partir du moment où on laisse les principes s'intégrer à notre être, on devient alors un peu plus prêt pour le prochain palier.

Depuis des siècles, les Japonais ont compris l'importance de l'intégration pour être en harmonie avec tout ce qui les entoure. De la cérémonie du thé, à l'arrangement floral en passant par les arts martiaux, l'harmonie doit s'intégrer à la vie quotidienne.

Déséquilibre

24 février 2010

Plus de puissance pour moins d'effort

Il est fréquent, lorsqu'on regarde Hatsumi *sensei* faire une technique sur un étudiant, de se dire que c'est arrangé avec le « gars des vues ». On se dit qu'il serait facile de se relever, de contre-attaquer d'un coup de poing ou d'un coup de pied. De l'extérieur, ça donne l'impression que rien n'est vrai. Je me souviens entre autres d'une fois où je suis tombé mains et genoux au sol. À chaque fois que je tentais de faire un mouvement pour me relever, Hatsumi *sensei* n'exerçait qu'une très faible pression du bout des doigts, mais à l'endroit stratégique pour briser mon équilibre. Pas de problèmes, je n'ai qu'à changer mon point d'appui pour me relever. Même phénomène, du bout des doigts, d'une légèreté qui porte à la confusion et même à la frustration, je ne peux que tenter de me reprendre sur un nouveau déséquilibre. Vu de l'extérieur, je devais donner l'image que je ne faisais aucun effort pour me relever. De mon point de vue, j'étais pris dans le centre d'un cyclone qui me contrôlait instantanément à chaque tentative de reprise d'équilibre. En aucun moment, *sensei* n'a utilisé de force physique pour me restreindre de la sorte. Il était tout simplement au bon endroit au bon moment.

À partir de ce moment, j'ai compris à quel point les techniques de déséquilibre étaient importantes dans notre art martial. On peut projeter quelqu'un en l'agrippant fortement et en utilisant la puissance de nos muscles pour le projeter. Mais si au lieu d'utiliser la force physique, on pouvait le faire en utilisant que des déplacements et des points d'appui pertinents, alors pourquoi ne pas le faire si ça nous permet de contrecarrer un adversaire plus puissant et plus lourd que nous ?

Malheureusement, développer ces techniques demande effort et persévérance. Les résultats ne sont pas toujours immédiats, on doit faire face à plusieurs échecs avant de trouver les bons angles, les bonnes façons d'utiliser notre corps pour influencer le positionnement de l'adversaire. La plupart des gens se découragent. Mais lorsque l'on persévère et que les résultats commencent à se faire sentir, on réalise alors que tout notre *taijutsu* vient de franchir une étape incroyable.

Il y a quelques jours, nous avons passé tout un dimanche après-midi à ne travailler que ce genre de techniques. En l'espace de quelques heures, j'ai vu une très nette amélioration du *taijutsu* de la plupart des gens présent sur le séminaire. Le *taijutsu* n'est pas une chose que l'on peut faire de façon intellectuelle. Il faut apprendre à sentir les déplacements et le positionnement de l'adversaire. Il faut également apprendre à voir l'adversaire d'un point de vue différent. On ne doit pas se contenter de penser au JE. Qu'est-ce que je vais lui faire ? Quelle technique dois-je utiliser ? Avec quoi vais-je enchaîner ? Il faut apprendre à penser au IL. Qu'est-ce qu'il m'offre ? Est-il en position stable ou au contraire en position faible ? etc.

C'est ce qu'Hatsumi *sensei* nous enseigne depuis plusieurs années déjà, ce sont de nouvelles façons de penser et de réagir. Et tout ceci passe par notre aspect émotionnel et sensitif. L'intellect vient beaucoup plus tard, ou plutôt, beaucoup plus tôt.

En travaillant avec légèreté et fluidité, on constate rapidement que la connexion avec l'adversaire se fait naturellement. Notre vitesse de réaction augmente tout en utilisant moins de force musculaire. Si on regarde travailler Hatsumi *sensei*, on constate qu'il n'utilise pas de force physique, qu'il ne sollicite pas constamment le travail des épaules pour renverser un adversaire, qu'il n'agrippe presque plus au fil des années. Il se contente le plus souvent de n'utiliser que quelques points de déséquilibre.

Les automatismes

16 mars 2010

Une journée de la semaine dernière, nous avons été réveillés très tôt par Satori, notre chienne berger allemand. Elle nous indiquait clairement qu'il y avait des gens sur notre terrain. Un homme en tenue de combat et équipé d'une arme automatique se tenait caché derrière nos voitures.

Ce scénario est assez habituel chez nous. Les policiers de la Sûreté du Québec et aussi à l'occasion de la ville de Québec viennent assez fréquemment s'y entraîner. Pour beaucoup de gens qui aiment les films d'action, l'entraînement de ces policiers pourrait paraître simpliste. Rester caché et capturer le méchant au bon moment.

Cette simplicité est pourtant un outil d'apprentissage extraordinaire. Probablement que les policiers présents lors de la simulation n'ont pas créé de nouvelles techniques et façons d'intervenir. Ils n'ont probablement pas réinventé la roue. Cependant, les efforts qu'ils ont mis pour s'entraîner dans ces mises en situation sont primordiaux. Ce genre de mise en situation permet tout d'abord de corriger certains défauts. Réaction trop rapide, ou trop lente, recherche du meilleur point d'observation, etc., ces simulations permettent de corriger ces défauts. Le temps de réaction est primordial lorsque vient le temps de réagir à un danger. On ne peut développer cette habileté de manière intellectuelle. On ne peut que faire des répétitions pour que notre corps apprenne et que notre cerveau développe les automatismes appropriés.

Ces entraînements permettent au cerveau de s'habituer à ce genre de scénario, situations qui peuvent arriver dans leur travail. Le subconscient ne fait pas la différence entre une simulation et la réalité. Au moment où de telles situations interviennent dans la vie réelle, le cerveau perçoit l'événement comme étant déjà arrivé. Le stress est moins grand, et le temps de réaction s'en trouve amélioré.

Dans les arts martiaux, trop d'étudiants ne prennent pas conscience de l'importance de ces automatismes. Dès que la technique semble facile à exécuter, le niveau de bavardage se met à augmenter de façon significative. « Je n'ai plus à porter attention, je maîtrise la technique ». Erreur de débutant. Ce n'est pas parce que l'on fait une technique correctement qu'on la maîtrise suffisamment pour l'utiliser en situation réelle. C'est sans compter le stress.

Dans le *Bujinkan* nous sommes privilégiés, nous possédons un grand nombre de techniques. Malheureusement, cette grande quantité de connaissances nous amène parfois à négliger nos bases. C'est dans ces bases que nous devons pratiquer nos automatismes. La plupart des techniques de notre école sont construites sur ces bases. On peut se permettre de ne pas savoir les *kata* par cœur, mais on ne peut négliger nos bases. Les *shihans* japonais ne connaissent pas par cœur ces *kata*, tout comme nous ils sont obligés de consulter leur livre de note pour s'en souvenir. Mais la maîtrise de leurs techniques de base fait en sorte qu'ils sont capables d'exécuter efficacement les techniques. C'est exactement ce à quoi servent ces simulations dans l'entraînement de ces policiers.

L'intellect nous offre la possibilité de comprendre la mécanique martiale, mais pas de la maîtriser à lui seul. Chaque technique pratiquée dans un cours est, dans un premier temps, un apprentissage et dans un second temps, une simulation. C'est dans cette deuxième étape que se développe notre capacité à réagir en situation réelle.

Les angles, ces méconnus

31 mars 2010

La plupart des gens qui débutent dans le *ninjutsu* ne comprennent pas pourquoi nous insistons autant sur l'importance d'avoir de bons angles dans nos déplacements. Même ceux qui ont déjà fait d'autres arts martiaux ne saisissent pas toujours le pourquoi de ces déplacements. La plupart des arts martiaux sont linéaires, c'est-à-dire que si l'on a à se défendre contre plusieurs attaques, on reculera en ligne droite. C'est réalisable si on limite l'agresseur à deux ou trois attaques. Au-delà de trois attaques, ça devient difficile.

Il faut comprendre que c'est toujours plus facile de faire de longs pas en avançant plutôt qu'en reculant. Utiliser des angles de 45 degrés en reculant nous permet de rajouter de la distance entre nous et l'attaquant. Ce dernier à chaque attaque doit rediriger son angle de frappe, ce qui non seulement lui rajoute un peu de distance, mais qui l'oblige également à arrêter l'énergie du corps en mouvement pour la rediriger dans une autre direction. Les angles compensent la vitesse d'un agresseur plus rapide que nous. Il ne faut pas oublier qu'en vieillissant, la vitesse musculaire diminuera de façon significative. Pourtant, ça n'empêche pas Hatsumi *sensei* de toujours être en avance sur nos mouvements.

Par le jeu des angles, on peut changer la distance d'attaque de l'adversaire. Le meilleur exemple se fait avec une attaque au sabre. Si *uke* fait une attaque directe sur la tête, un déplacement, dans un angle adéquat, vous permet de le couper au cou de votre sabre, mais d'être hors de portée du sien.

Sur un agrippage style judo, le seul fait de changer l'angle de notre corps oblige l'adversaire à se repositionner pour trouver suffisamment de stabilité pour faire sa technique. On peut utiliser ce moment pour effectuer un déséquilibre encore plus grand, ou une quelconque contre-attaque. Maîtriser les angles demande des années d'entraînement et d'efforts, mais la première étape sur ce chemin est simple : être conscient de ce que l'on peut faire avec de bons angles.

The New Generation

26 avril 2010

Comme plusieurs d'entre vous le savent, je reviens tout juste de donner des formations à Halifax et en février, j'en donnerai à Calgary. Ces petits voyages m'ont permis d'échanger et de réaliser des choses intéressantes sur les changements qui se passent au sein du *Bujinkan* présentement.

Comme vous l'avez sans doute observé, l'enseignement du *Bujinkan* a beaucoup évolué depuis plusieurs années et particulièrement depuis les deux dernières années. L'enseignement d'Hatsumi *sensei* est beaucoup plus *shinobi* que *ninjutsu*.

Au cas où vous ne l'auriez pas remarqué, Hatsumi *sensei* n'enseigne plus vraiment les écoles depuis plusieurs années, il enseigne un art de son propre cru, que l'on pourrait qualifier d'Hatsumi *ryu*, ce qui est de loin supérieur à ce que les écoles pourraient nous apprendre. Dans sa volonté à nous inciter à ne pas demeurer prisonniers des techniques, je pense qu'il nous préparait à ce qu'il nous offre actuellement.

Jamais l'aspect *shinobi*, l'aspect *kyojutsu*, *satchi jutsu* et *sakki jutsu* et autres principes, ne nous ont été offerts avec autant d'ouverture d'esprit. *Soke* considère probablement que plusieurs d'entre nous sont prêts à accepter ce cadeau qu'il nous offre. Il boucle la boucle en nous ramenant avec lui à ce niveau que je qualifierais de *shinobi*.

On peut dire qu'au début de son enseignement, il n'enseignait que peu de technique et beaucoup de principes. On se retrouve alors à l'époque de Stephen Hayes et de Doron Novan. Les gens apprenaient des clés, des projections, quelques noms de techniques, des principes parfois ésotériques, voire même mystiques.

Soke ouvre la machine et enseigne de plus en plus de *kata* codifiés. Cependant, il ne s'embarrasse pas de donner les noms des *kata*. Les étudiants sont contents de voir les différences des diverses écoles et se contentent de pratiquer ces nouvelles techniques. C'est l'époque des Jack Hoban, Bud Maelstrom, Sylvain Guintar et autres.

Le *Bujinkan* devient un peu plus gros. Les gens commencent à vouloir connaître davantage les techniques de chaque école. Dans cette quête, beaucoup vont trop loin et se concentrent uniquement sur les *kata* de manière robotisée, mécanique. C'est ce qu'Hatsumi *sensei* appelle les collectionneurs. Certains pratiquants sont obsédés par l'acquisition des *kata*, au détriment du *taijutsu*.

Vient ensuite l'époque actuelle, où *sensei* délaisse les collections de techniques pour développer nos habiletés martiales. Là, ça change radicalement. Pour beaucoup de gens, ça devient difficile à suivre, à comprendre et à exécuter. C'est probablement pour cela que beaucoup restent accrochés aux techniques. C'est une nouvelle époque où les shihans occidentaux vivant au Japon, voyagent davantage et enseignent des concepts et des principes plutôt que de se limiter aux *kata* des écoles.

Hatsumi *sensei* a amené le *Bujinkan* à un niveau d'enseignement incroyable. On se doit de travailler trois fois plus qu'avant pour suivre Hatsumi *sensei*. Cette période de travail est limitée dans le temps. *Soke* a parlé de prendre sa retraite à 80 ans et c'est pour bientôt.

En tant que pratiquants, nous avons la responsabilité de ne pas nous laisser distancer par cette locomotive qu'est Hatsumi *sensei*. Afin de nous aider dans cette tâche herculéenne, nous devons garder l'esprit ouvert et être prêts à mettre de côté certaines de nos façons de faire ou de nos croyances afin de pouvoir mieux saisir l'enseignement de *Soke*.

Depuis quelques années Hatsumi *sensei* nous a amené le *Bujinkan* dans une ère nouvelle, on a qu'à jeter un coup d'œil sur ces dernières années pour comprendre qu'il nous faut penser autrement.

Kyojutsu, Shinnen, Sakki jutsu, Satchi jutsu, Shizen, Rokkon shoujou, pour ne nommer que ceux-là, nous démontrent à quel point, les *kata* sont de moins en moins important. Attention, on ne peut négliger les bases. *Sanshin, kihon happo* et autres sont essentiels à la compréhension des principes. Je ne dis pas de ne pas connaître les écoles, loin de là, je dis simplement qu'il faut mettre le principal de notre attention là où *Soke* nous dit le mettre.

L'orientation de notre dojo

21 juin 2010

Notre ligne de conduite

Le *Bujinkan* est différent de tous les autres arts martiaux. Il ne met pas l'emphase sur la technique, mais bien sur l'individu. Dans la plupart des styles d'arts martiaux, nous devons suivre un cheminement qui est identique pour tous les individus, et ce, généralement dans tous les dojos, quel que soit le pays où vous irez.

Le *Bujinkan* est totalement différent. Si vous avez deux cents dojos ou professeurs, vous aurez deux cents façons différentes d'exécuter les mêmes techniques. Dans un tel contexte, il est parfois difficile de dire si on est sur la bonne voie ou pas, chaque professeur étant persuadé qu'il détient la vérité.

Lors de mon dernier voyage au Japon, nous avons eu une conversation sur ce sujet avec Hatsumi *sensei*. Je lui ai expliqué de quelle façon nous fonctionnions au sein de notre dojo. Je lui ai expliqué notre fonctionnement et je lui ai expliqué quelques différences que nous avions avec beaucoup de dojos au sein du *Bujinkan*. Je m'attendais à ce qu'il nous fasse un changement d'orientation, même minime. Je m'attendais à ce qu'il nous suggère de nous coller un peu plus dans la masse. Rien de tout ça, au contraire, il nous a dit de ne rien changer du tout, que nous étions sur la bonne voie.

Les étudiants doivent apprendre les bases, doivent pouvoir faire les *sanshin* originaux, les *kihon happo* tel qu'ils s'enseignent depuis des centaines d'années, de pouvoir connaître les *kamae* et leurs attitudes stratégiques, physiques et émotionnelles. Mais pour le reste, il est plus important qu'ils apprennent à bouger correctement qu'à mémoriser.

Hatsumi *sensei* nous a fait un parallèle avec l'œuf et l'oiseau. Il nous a expliqué que la coquille est le résultat de l'apprentissage des techniques. Mais qu'à un moment donné, l'essentiel de notre vie va se dérouler en dehors de cette coquille.

Nous avons eu droit à des conversations plus qu'intéressantes avec Hatsumi *sensei*. Il a pris le temps de discuter, de comprendre notre fonctionnement, et de nous guider vers le chemin à prendre pour les étudiants et pour nous-mêmes. Hatsumi *sensei* a à plusieurs reprises lors de notre conversation et lors des cours, insisté sur l'importance d'apprendre à bouger. Nous ne pouvons pas avoir de meilleur guide sur ce sujet qu'Hatsumi *sensei* lui-même.

Camp d'été

27 juillet 2010

Comme toutes les années depuis plus de 20 ans, nous avons fait un camp d'été. La fin de semaine a été superbe. Un peu de pluie pour les jeux de nuits, mais du temps superbe durant le jour.

Les camps d'été que l'on fait au dojo *Bujinkan* Québec sont un complément parfait pour l'entraînement en dojo. En dojo, on ne peut apprendre comment marcher silencieusement, les tatamis rendent ça trop facile. En dojo, on ne peut apprendre comment se cacher efficacement dans une forêt. On ne peut y apprendre également comment combattre sur un sol inégal, ou comment utiliser les arbres comme allier pour combattre un adversaire.

Le camp d'été est l'occasion idéale pour mettre à l'épreuve notre endurance et notre persévérance. Passer la nuit à se cacher, à essayer de prendre le drapeau de l'ennemi, ou simplement apprendre à rester caché lorsque trois ou quatre personnes se trouvent à quelques mètres de nous. Le type de jeu de nuit que nous faisons peut sembler anodin, mais il nous apprend à gérer un stress lorsque plusieurs adversaires nous entourent. Il nous apprend à gérer notre respiration, à gérer le plus petit mouvement du corps qui pourrait trahir notre présence, et ce, malgré parfois une myriade d'insectes qui nous bourdonnent dans les oreilles.

On rampe, on court, on se cogne, on se fait souvent mal, car on doit se déplacer parfois dans l'obscurité totale. Mais on apprend. Le camp nous rapproche énormément de ce qu'était traditionnellement un *ninja*. Cette activité de nuit nous apprend également une chose importante, la survie. On a beau être ceinture noire, peu d'activités dans la vie nous donne l'occasion d'une pareille expérience. La plupart des ceintures noires de notre dojo ont participé à un ou plusieurs camps d'été. Je peux vous dire qu'ils ne sont jamais les mêmes avant et après. Leur compréhension martiale s'ouvre davantage, ils ont enfin le sentiment de s'imprégner davantage dans l'art du *ninjutsu*.

Sous la surface se cachent d'autres réalités

13 août 2010

Si vous prenez une de nos techniques telles qu'elle est enseignée au *Bujinkan*, vous constaterez assez rapidement qu'elle peut s'adapter à plusieurs besoins différents. La même technique peut s'adapter si vous avez un sabre, si l'adversaire en a un, s'il risque de sortir un couteau, s'il y a plusieurs adversaires. Bref, chaque technique est vivante.

C'est souvent le cas dans les styles d'arts martiaux qui ont plusieurs centaines d'années d'existence. La plupart des styles modernes créés par une personne qui se lève un matin et qui créé son style, n'ont pas cet aspect multicouche des techniques. La technique se limite à une série de mouvement qui ne permet généralement pas à son exécutant de s'adapter à une situation différente. Chaque attaque spécifique a sa réponse spécifique. Au fil des 900 années d'existence de notre art martial, ces techniques non adaptatives ont été épurées, abandonnées. Il est resté un grand nombre de techniques qui évoluent au besoin du combat. On a qu'à regarder la richesse des *kihon happo* pour constater cette réalité. Hatsumi *sensei* nous a enseigné qu'il y a au moins quatre niveaux d'utilisation des *kihon happo*. Se limiter à ce que la technique nous montre en surface, c'est se priver de l'essence même de notre art martial.

Amusez-vous à prendre n'importe quelle technique et à vous poser quelques questions. Que se passerait-il si j'étais attaqué pendant que je fais un *mushadori* ? Est-ce que j'ai accès à mes armes ? Est-ce que je peux bouger mon adversaire pour m'en servir comme bouclier ? Est-ce que je peux utiliser les armes de mon adversaire ? Est-ce que je peux contrôler un deuxième adversaire sans relâcher mon premier attaquant ? Se poser des questions, c'est trouver des réponses et de nouvelles façons de s'entraîner. Un nouveau regard sur les techniques.

Nous devons nous exercer à regarder et à trouver ce que chaque technique peut nous enseigner si on prend la peine de creuser un peu. La technique de base c'est un peu comme le sol que l'on foule de nos pieds. Il se peut qu'il y ait des trésors cachés enfouis plus profondément.

Le *kamae* vit de lui-même

17 août 2010

La compréhension des *kamae* nous ouvre des portes que la plupart des pratiquants ne soupçonnent pas. Les *kamae* nous redonnent la stabilité nécessaire pour reprendre le dessus, lorsqu'une confrontation semble tourner à notre désavantage. Les *kamae* sont des bases, et comme toutes les bases, elles sont souvent négligées.

La plupart des arts martiaux utilisent des *stances* ou des *dashi* comme le *kibadashi*. Dans notre art, nous utilisons des *kamae*. La différence est énorme. Un *stance* a tendance à être statique. Vous prenez position pour combattre et vous effectuez des ripostes ou des défenses à partir de cette position. La position est statique. Habituellement on utilisera telle position contre tel type d'attaque. L'utilisation de ces positions est très rationnelle, très intellectuelle.

Le *kamae* est plus dynamique. Il s'utilise en fonction des besoins du moment sans tenir compte du type d'attaque. Notre besoin émotionnel et tactique déterminera le *kamae* à utiliser. Un *kamae* ne dure jamais longtemps dans le temps. Il apparaît durant une fraction de seconde ou quelques secondes selon les besoins et disparaît aussi vite qu'il est arrivé. S'il est bien intégré par le pratiquant, ce dernier ne remarquera même pas qu'il a utilisé tel ou tel *kamae*.

L'apprentissage de base des *kamae* est *sabaki*. C'est d'apprendre un mouvement en l'exagérant afin de l'intégrer à des déplacements réels dans le futur. Lorsque l'on débute, on apprend de belles positions statiques où les déplacements seront généralement très contrôlés. Cette méthode d'apprentissage nous permet d'intégrer le choix des bons angles, des bons déplacements, d'une utilisation du positionnement adéquate selon toutes sortes de circonstances. À ce stade de l'apprentissage, ça ne semble pas toujours approprié pour un combat en situation réelle. Pourtant, pour l'avoir expérimenté assez souvent dans mon travail en sécurité, je peux vous dire par expérience que ça l'est.

Lorsque tous ces *kamae* sont bien assimilés, ils deviennent rapidement dynamiques. Le *kamae* va se métamorphoser, car un *kamae* est vivant. On n'a qu'à regarder Hatsumi *sensei* pour voir ce que deviennent les *kamae* entre les mains d'un art martialiste de haut niveau. Prenons par exemple un *ganseki nage*. Aviez-vous déjà remarqué l'espace que prend le *hoko no kamae* dans cette projection ?

Combinés aux *sanshin*, les *kamae* sont des outils incroyables dans un combat. Beaucoup d'arts martiaux modernes travaillent un combat que l'on pourrait qualifier de tiraillage. C'est logique et beaucoup de combats de bar se passent de cette façon. L'utilisation des *kamae* permet de briser à peu près n'importe quelle séquence de tiraillage lorsqu'ils sont placés aux bons endroits et au bon moment. Ils ne seront pas élégants comme les *kamae* de base, mais ils seront présents pour redonner de la stabilité, pour corriger un angle, pour déséquilibrer un adversaire ou simplement pour reprendre le contrôle d'émotions momentanément perdues.

Il est difficile ici de décrire tout ce que les *kamae* permettent de faire. Ça prend des années pour être en mesure de ressentir et de comprendre tout le potentiel des *kamae*. Mais lorsque l'on décide de s'impliquer sérieusement dans un art martial, on s'aperçoit assez rapidement que le temps n'a plus d'importance.

Comparer le *ninjutsu*

7 septembre 2010

Ninjutsu : la différence

Occasionnellement, des étudiants me demandent en quoi diffère le *ninjutsu* des autres arts martiaux.

D'abord, je pense qu'il y a autant d'arts martiaux que de types de personnalités martiales. On trouve des arts martiaux pour tous les goûts et la plupart ont leurs raisons d'être.

Je ne peux parler pour les autres dojos, mais je peux expliquer ce qui différencie le dojo de Québec des autres dojos de *ninjutsu* et d'autres arts martiaux.

Le conditionnement physique

La plupart des dojos utilisent 25 à 30 % du cours et parfois plus pour faire du conditionnement physique. Au dojo de Québec, j'ai décidé de consacrer tout le temps du cours à l'art martial.

Entraînez-vous intensivement durant 5 ans, tous les jours. Pour une quelconque raison, vous devez arrêter l'entraînement physique pour deux mois. Vous venez de perdre environ 80 % de votre forme physique. Prenez maintenant toutes ces heures d'entraînement et imaginez que vous ayez fait des techniques martiales au lieu du conditionnement. Après deux ans d'arrêt, vous allez garder plus de 80 % de vos réflexes de défense en situation réelle. Si votre efficacité repose sur la forme physique, vous êtes cuit.

Ce n'est pas tout le monde qui travaille dans une équipe d'intervention un commando des forces spéciales où l'effort demandé sera intense et exigeant sur une longue durée.

Je pars du principe que si vous êtes assez mature pour vous inscrire chez nous, vous soyez assez autonome pour vous entraîner par vous-même dans un club de gym, ou simplement en faisant du jogging ou autre entraînement. Un des premiers principes du guerrier est de pouvoir se prendre en main.

Si votre compétence martiale repose sur votre forme physique, comment allez-vous performer à 50 ans ? Il est vrai que beaucoup de gens ont l'impression d'être martialement bons lorsqu'ils sont courbaturés après un cours difficile la veille. C'est un point de vue.

Personnellement, je trouve plus impressionnant de voir mes étudiants capables d'éviter un coup de poing sur la gueule plutôt que d'être capable de faire 500 pompes. Ce qui ne veut pas dire que ce n'est pas une bonne chose d'être en forme, au contraire. Mais je n'ai pas de formation en conditionnement physique, seulement dans les arts martiaux.

Les techniques de frappe

Nos techniques de frappe diffèrent de celles de la plupart des styles. Nous sommes à peu près incapables de casser une brique ou plusieurs planches. (N.B. J'en ai cassé très souvent dans ma vie de karatéka). Nous ne sommes pas capables et la raison en est simple, nos techniques sont adaptées pour le corps humain et non pour combattre un bloc de béton. Généralement, si votre coup de poing brise une planche ou un bloc de béton, il n'est pas approprié pour faire beaucoup de dommage sur un corps humain. Les frappes que nous utilisons sont en vibrations. Elles sont faites pour traverser une masse musculaire ou osseuse et faire des séquelles en profondeur.

Dans mes années folles de karatéka, où l'on faisait du full-contact sans protection, j'ai eu la chance... de recevoir un grand nombre de coups de poing et de pieds. Yeux enflés au point d'être une semaine sans rien voir d'un œil, côtes fêlées assez régulièrement, etc., bref, tout ça pour dire que je sais ce qu'est recevoir des coups.

Il y a un peu plus d'un an, je suis allé prendre un séminaire d'un autre art martial. Le professeur voulait démontrer la puissance des frappes. Tous les étudiants tombaient sous la puissance des coups. Naturellement, j'ai voulu essayer de recevoir quelques coups aussi pour voir la puissance de ces frappes. J'avoue que j'étais un peu sceptique. Le prof a commencé à me frapper dans le dos. Comme je ne bronchais pas, ces frappes demeuraient trop en surface pour pouvoir être dangereuses, le prof redoublait d'intensité. Je peux vous dire que le cœur y était. Comme je ne bougeais pas, chaque frappe se rapprochait de ma colonne. J'ai arrêté le tout parce que le poing était à un ou deux centimètres de ma colonne, je ne voulais pas courir de risque.

Je n'aurais pas tenu aussi longtemps avec les frappes que l'on enseigne au dojo. Un de mes reins aurait cédé après un ou deux impacts. La plupart des gens cèdent, car ils ne veulent pas défier le professeur. Souvent, ils ont peur des conséquences, ce qui n'est pas mauvais lorsque l'enseignant est incompétent et dangereux. Le respect du professeur ne devrait jamais s'imposer par la peur.

Si vous désirez entraîner votre corps à recevoir des coups en vue d'un vrai combat, faites-vous frapper également au visage, car vous risquez de recevoir plus de coups frappés au visage que sur le corps.

Nous ne sommes pas très démonstratifs

Autre point qui nous diffère, nous ne sommes pas très démonstratifs. Lorsque l'on donne un coup de poing, il n'y a pas de cri déchirant, de grimace exprimant notre colère et de longues expirations en laissant le poing dans les airs pour montrer toute la puissance qui était présente dans la frappe.

Nous bougeons naturellement, sans prétention. Ça fait partie de notre art martial de transmettre le moins d'information possible à l'adversaire. Ça fait partie de notre art martial d'économiser nos mouvements, notre énergie. Ça fait également partie de notre art martial de ne pas se sentir obligé de démontrer notre puissance.

Bref, le *ninjutsu* n'est pas très intéressant à regarder pour une personne de l'extérieur. Un jour Stephen Hayes nous racontait que lors d'un séminaire en Grèce, les gens ne semblaient pas embarquer. Il enseignait des techniques contre des coups de pieds à quelques écoles d'autres styles. Après la pause, il refit à peu près les mêmes techniques, mais en criant et en bougeant les bras pour exagérer les mouvements. Les gens ont adoré à partir de ce moment.

De solides fondations

Notre style possède un historique vieux de plus de 900 ans. Si vous venez au Japon, vous allez y trouver une concentration élevée d'instructeurs, de militaires et de policiers d'un grand nombre de pays. Ils sont là parce que ça fonctionne en situation réelle.

Lorsque l'on fait du *ninjutsu*, on a parfois l'impression qu'il n'y a pas de techniques, seulement du mouvement. Quelques arts martiaux ont tenté de copier cette façon de faire en laissant de la liberté aux pratiquants. Ils ont oublié que nous avons des bases qui sont intégrées à notre mode de combat. Nous avons des *kamae* qui nous stabilisent physiquement et émotionnellement. Nous avons les *sanshin* et les *kihon happo* qui nous permettent d'enchaîner d'un mouvement à l'autre avec une cohésion logique.

Ce qui m'a toujours frappé en *ninjutsu*, c'est la possibilité d'avoir une explication logique pour chaque mouvement, chaque acte que nous faisons. Ce n'est pas un simple tiraillage qui ne repose sur rien. Chaque enchaînement de coups de poing ou de pieds se fait dans une stratégie globale.

Un maître vivant
Nous avons la chance d'avoir un contact avec l'un des derniers maîtres vivant d'arts martiaux. Ce qu'il nous enseigne n'est pas déformé par plusieurs générations d'instructeurs qui ont dilué le matériel afin de garder des secrets pour eux.

Le seul problème vient du fait que ce qu'Hatsumi *sensei* enseigne est d'un niveau tellement élevé, que plusieurs ne sont pas prêts à le comprendre. Mais ça, ce n'est pas tellement grave, car *Sensei* sème de petites graines qui un jour vont germer.

Des témoignages en situation réelle
Si je regarde les résultats obtenus en situation réelle depuis le temps que j'enseigne le *ninjutsu*, je ne peux que réaffirmer ma fidélité à cet art martial. Deux cas séparés, deux filles agressées au couteau en situation réelle, dans les deux cas, les attaquants se sont retrouvés couchés sur le ventre avec clé de bras dans le dos.

J'ai eu aisément une dizaine d'autres étudiants pris dans diverses attaques au couteau, et nous avons eu zéro blessure du côté des gentils. Je me souviens d'un étudiant qui ne cessait de parler du kung-fu sur les cours, jusqu'à ce qu'il soit obligé de se défendre contre une agression sur la rue. Rien de ce qu'il faisait de son ancien style ne fonctionnait. Il a commencé à reprendre le dessus en jouant défensif avec des arts martiaux.

Un autre de mes étudiants s'est fait sortir un couteau. L'agresseur voulait son vélo de montagne qui valait dans les 3 000 $. Il a dit non et l'agresseur en a été quitte pour quelques ecchymoses. Un autre de mes étudiants agent de sécurité s'est fait mettre un couteau sur la gorge, l'agresseur étant derrière lui. Il s'en est également sorti sans égratignure et sans avoir blessé l'agresseur. Personnellement, j'ai eu droit à plusieurs altercations dans mon travail en sécurité, la dernière étant une attaque style bâton de baseball à l'aide d'un 2X4.

Ne pas se gêner pour poser des questions

Dans ma carrière martiale, j'ai été souvent frustré de ne pas avoir de réponses à mes questions. Je pense qu'un bon test à faire lorsqu'on entre dans un dojo, est de poser des questions. Si les réponses semblent évasives, ou même pires, inexistantes, je pense que nous sommes en droit de nous poser des questions.

Un *bugeï*

Notre art martial n'est pas un sport de compétition. Il est axé dans une direction bien précise, assuré la survie de celui qui le pratique. Le but n'est pas de démontrer sa valeur, mais simplement de survivre à une attaque et ce but, il le réussit très bien.

Le temps nécessaire

Ça prend généralement de cinq à six ans pour devenir ceinture noire dans notre dojo. C'est le temps nécessaire pour avoir un bon début de conscience martiale. Malheureusement, il n'y a pas de recettes miracles pour accélérer le processus. Comme un bon vin, il faut prendre le temps nécessaire pour arriver à maturité.

Les camps d'été

Combattre en forêt, faire des techniques avec des vêtements détrempés, se déplacer sur un sol inégal, s'enfarger dans la racine qui sort un peu trop, des réalités qu'on ne peut pratiquer en dojo.

Il est dans la nature humaine de se comparer avec le voisin. Voici quelques points soulevés occasionnellement lors de discussion avec certains de mes étudiants. Mais attention, ce texte n'est celui que de mon point de vue que plusieurs ne partageront pas nécessairement.

Daikomyosai 2010

22 novembre 2010

Ça y est nous y sommes, un nouveau Daikomyosai s'offre à nous. Comme à chaque année à cette période, je me retrouve au Japon avec plusieurs de mes étudiants. C'est l'occasion unique de refaire le plein d'énergies nouvelles.

Plusieurs personnes boudent le Daikomyosai en se disant qu'il y a trop de monde sur les cours. C'est vrai. Mais d'un autre côté, Hatsumi *sensei* y met tellement d'énergie, qu'on ne peut revenir sans un changement quelconque dans notre façon de faire notre art martial. Ce petit quelque chose, on ne peut l'acquérir en visionnant un simple DVD des techniques. Certes on peut reproduire les techniques comme une chorégraphie. Mais il manquera toujours cet aspect qu'Hatsumi *sensei* se plaît à nommer *Ishiki*, un niveau de conscience accru. C'est cette acquisition d'un niveau de conscience un peu plus élevé qui fait la différence entre photocopier une technique et être capable de la vivre et de l'utiliser en situation réelle. Le meilleur moyen d'accéder à cet état d'esprit est d'être le plus près possible de *Sensei* afin de récolter un peu de cette énergie qu'il nous offre si généreusement en cette période du Daikomyosai.

Nous partons le 26 novembre pour revenir le 11 décembre. Après le Daikomyosai, les gens retournent assez rapidement chez eux. On a rapidement de la place pour s'entraîner. Mais surtout, ce qui est intéressant à cette période, c'est qu'Hatsumi *sensei* jette les bases de ce qu'il enseignera en 2011. Le tout n'étant pas encore figé ou décidé, on a le droit à des techniques particulières qui ne seront pas nécessairement remontrées dans l'année qui va suivre. On a déjà eu droit à de petites merveilles de principes et de techniques. C'est le début d'une nouvelle phase créatrice pour Hatsumi *sensei* et c'est un privilège que de pouvoir partager ces bases nouvelles.

Vous pourrez suivre un peu notre voyage, en lisant les commentaires suite à ce texte. J'essaierai de mettre de l'info tous les jours. Par contre, il se peut qu'il n'y ait rien les premiers jours, le temps de mettre la main sur un modem à l'hôtel. Soyez patients.

2009

L'enseignement *okuden*

6 février 2009

Traditionnellement, les maîtres d'arts martiaux ont toujours été assez réticents d'enseigner leurs secrets à tout un chacun. On a qu'à regarder des styles comme le *katori shinto* où l'on retrouve des *kata* étudiants et des variations de ces *kata* dites professeurs.

Il est tout à fait normal et même rassurant que ces vieux maîtres fassent une sélection de ce qu'ils enseignent et à qui ils l'enseignent. De nos jours, on peut retrouver des livres d'arts martiaux expliquant les bases d'à peu près tous les styles d'arts martiaux qui existent. Dans ces livres, on y apprend les bases mécaniques simples, on y apprend les chorégraphies des techniques. Mais est-ce suffisant pour devenir un art martialiste accompli? Dans ces livres, on retrouve une bonne description mécanique des *kata*, mais il manque toujours le petit quelque chose qui fait que la technique peut devenir efficace en situation réelle.

Hatsumi *sensei* nous a souvent répété que les *kata* écrits dans les *densho* sont pour les enfants. Les *densho* sont un outil de base permettant d'assurer la transmission des techniques de génération en génération. Ces *densho* sont souvent considérés comme étant sacrés et pour plusieurs personnes, ils sont la voie authentique du *budo*. *Soke* a souvent fait allusion du niveau des enfants, car les *densho* sont préprogrammés, ils n'enseignent que l'alphabet de base. Ils ne contiennent pas l'aspect humain d'un combat. Ils ne peuvent exprimer l'utilisation des émotions et sont d'autant plus incapables d'utiliser le plein potentiel qui fait la force d'un combattant, son humanité. Volontairement, les *densho* sont bridés. Si un ennemi s'empare des précieux parchemins, il ne peut atteindre qu'un niveau de base. De cette façon, le maître se protégeait d'un élève un peu trop ambitieux qui aurait eu l'idée de s'emparer des techniques et peut-être de tenter de battre le maître en duel afin de se faire une réputation.

Afin d'amener les étudiants à dépasser ce niveau de base, les vieux maîtres utilisaient une transmission orale du savoir qui se dit *kuden* en japonais. Cette transmission n'était probablement jamais très directe, mentalité asiatique oblige. Elle devait se faire par des indices, des mots clés laissés ici et là par le maître. Lorsque l'élève est prêt, le maître ou la connaissance se montre à lui. Hatsumi *sensei* nous offre une multitude de clés, et ce, par divers moyens de transmission. Ce n'est peut-être pas un hasard que la série de vidéos filmées dans le dojo s'appelle *kuden*. Il nous offre également des livres qui se révèlent fabuleux lorsqu'on prend le temps de décortiquer ses messages. Oui nous avons besoin de bons dictionnaires pour voir les différentes interprétations des *kanji* qu'il nous donne. Oui nous devons recouper l'information pour extraire certains messages. Mais c'est le travail que nous avons à faire si nous voulons avoir accès à l'information de plus haut niveau.

Les *kata* ne sont pas toujours ce qu'ils paraissent être. Oguri *sensei* m'a déjà expliqué un jour que les *kata* du *shinden fudo ryu* cachaient une école de *kyusho*. Il m'a démontré certains de ces points en fonction du nom des *kata*. Inutile de vous dire qu'après ça, on ne voit plus ce *ryu* de la même manière. Il a dit les noms des *kata* étaient très souvent la clé pour bien comprendre les *kata*. Les *kanji* ont évolué énormément avec le temps. Si on ne dispose pas des outils nécessaires pour aller chercher les significations anciennes, on risque parfois de passer à côté de détails intéressants.

L'aspect *okuden* c'est également la maîtrise des *kukan*, une façon subtile d'utiliser certains déplacements parfois étranges. C'est aussi de comprendre la psychologie humaine afin de l'utiliser en combat. La manipulation psychologique en combat est une arme redoutable. L'aspect *okuden* c'est ce qui nous permet de continuer de nous améliorer et de devenir un meilleur combattant en vieillissant. Dans les compétitions de beaucoup d'arts martiaux, il y a des catégories 35 ans et plus, car ces combattants ne sont plus de calibre contre les jeunes coqs dans la vingtaine. L'enseignement *okuden* permet d'affronter sans souci ces jeunes guerriers, qui n'ont généralement qu'à offrir de la vitesse et de la force physique.

Bref, tout ça pour dire qu'Hatsumi *sensei* nous offre continuellement cet enseignement *okuden*. C'est à nous que revient la responsabilité d'être prêt pour comprendre cet enseignement.

Des enseignements très différents

10 février 2009

J'ai commencé à enseigner les arts martiaux de façon professionnelle il y a 28 ans. J'ai commencé par enseigner du karaté. Dans cet art martial, l'enseignement n'est pas compliqué. On remonte aux étudiants de la même façon dont a appris. De génération en génération, les étudiants refont exactement les gestes tels qu'ils l'ont appris de leurs professeurs. Le même timing, le même angle sur un déplacement, le même momentum pour effectuer un bloque ou une attaque. Bref, on pourrait programmer un robot et on obtiendrait le même résultat dans bien des cas. Naturellement j'exagère, mais l'idée de la robotisation et de la photocopie des techniques est là.

Dans notre art martial, si vous prenez une technique ou un *kata* donné et que vous la regardez, faites par deux ceintures noires d'un même dojo, vous pourrez probablement noter une différence dans l'exécution de la technique. Si vous prenez deux ceintures noires de deux dojos différents, la différence sera probablement encore plus évidente. Si vous prenez deux ceintures noires de deux pays différents, la différence sera encore plus grande. Et pourtant, chaque ceinture noire a probablement raison. Notre art martial est basé sur l'être humain. Chaque grandeur, poids, flexibilité, tempérament psychologique et émotionnel et même chaque expression culturelle, fera en sorte que la technique s'adaptera en fonction de l'humain qu'elle doit desservir. Lorsqu'on regarde les *shihan* japonais enseigner une même technique, on s'aperçoit qu'il y a parfois un large fossé qui sépare un professeur d'un autre. Et pourtant, chacun de ces professeurs nous donne une facette d'une même technique qui nous permet d'évoluer davantage.

La technique peut sembler différente, mais l'essence en est la même, peu importe l'endroit où elle est enseignée. De cette façon, un *sanshin* peut prendre différents aspects selon la personne qui l'exécute. Cependant, l'essence du *sanshin*, elle, sera présente. L'étudiant pourra développer les habiletés que le *sanshin* doit développer en nous. Cette façon de penser est de loin la meilleure lorsqu'on pratique un réel art martial. On peut également se tourner vers Hatsumi *sensei* qui ne refait jamais une même technique de façon identique deux fois de suite. À chaque exécution, il nous transmet de nouvelles données et il le fait très consciemment.

Personnellement, à mon dojo, lorsque mes ceintures noires enseignent une technique et qu'ils montrent une technique avec de petites différences, je n'irai pas corriger derrière eux si l'essence de la technique est respectée. Le travail de la technique est de permettre aux étudiants de développer des habiletés bien spécifiques. Si ce contrat est respecté entre la technique et l'étudiant, je considère que le travail est bien fait. Même si la technique varie un peu, le résultat sera identique à la fin.

Alors, si dans votre dojo, deux professeurs vous montrent une technique de façon légèrement différente, ne soyez pas perturbé, mais profitez plutôt de l'occasion pour voir ce que peut vous apporter cette nouvelle façon de faire.

Quel choix faire ?

27 avril 2009

Sur le forum de *Bujinkan* Québec, une personne a posé la question suivante :

Si vous appreniez l'existence d'un nouvel art martial et que vous aviez les preuves irréfutables qu'il est 100 % meilleur que le *ninjutsu*, est-ce que vous abandonneriez le *ninjutsu* pour lui ou bien si vous resteriez fidèle au *ninjutsu* et au *budo taijutsu* ?

Il y a eu plusieurs réponses des plus intéressantes. Voici à peu près ce qu'était ma réponse. Naturellement, je vais en profiter pour faire quelques ajouts.

C'est ce que j'ai déjà fait, changer d'art martial pour un qui répondait davantage à mes besoins. Je me limite maintenant au *ninjutsu*. Peu d'arts martiaux peuvent se vanter d'avoir passé par les périodes troubles du Japon et d'avoir perduré jusqu'à nos jours.

Je me tiens au courant de ce qui se fait un peu partout, dès que je peux voir un art martial nouveau, si un séminaire est disponible, je le prends, sinon, j'essaie de voir des vidéos des plus hauts gradés afin d'avoir une idée la plus exacte possible de ce nouveau style. Il y a généralement du bon dans tous les styles, mais il faut regarder un art martial dans son ensemble.

Personnellement, la première question que je me pose est très simple : « Est-ce que c'est efficace en situation réelle ? » C'est là qu'entre en ligne de compte mon expérience dans le domaine de la sécurité. Pour avoir vécu plusieurs situations, disons tendues, je peux faire la différence entre avoir l'air efficace et être réellement efficace.

Les autres questions sont également très simples, il faut voir l'art martial dans son ensemble. Est-ce que les techniques sont réalisables pour celui qui l'utilise, pour une personne qui n'est pas un athlète ? Le *ninjutsu* de la télé donne l'impression qu'il faut être gymnaste pour être bon dans notre style. La réalité en est tout autre. Le *ninjutsu* est l'art martial qui s'adapte le plus à notre corps et qui ne demande pas d'être un athlète ou d'être puissant physiquement.

Est-ce que c'est adaptable à diverses situations ? L'enseignement du *Bujinkan* développe des habiletés lorsque ce n'est pas fait uniquement de façon mnémonique. Cette façon de faire permet au pratiquant de s'adapter aisément à diverses attaques qu'on ne pourrait même pas imaginer. Lorsque j'enseigne de la défense au couteau dans un pénitencier ou une agence de sécurité, les gens m'arrivent avec des attaques que je n'aurais pu imaginer même dans mes rêves les plus délirants. J'ai toujours trouvé une réponse instantanément à leurs problématiques, car ma formation *Bujinkan* repose sur des principes qui peuvent s'adapter à n'importe quelle situation.

Est-ce que cet art martial peut me permettre d'évoluer durant tout le temps où je vais le pratiquer ? Discutez avec des ceintures noires et ils vous diront souvent qu'ils ont l'impression d'être plafonnés, de ne plus apprendre. Ils vous diront également qu'avec l'âge, ils sont moins performants qu'avant l'âge de la trentaine.

Souvent lorsqu'on regarde une personne faire une démonstration, on s'imagine que c'est l'art martial qui s'exprime alors qu'en réalité, c'est l'humain qui le fait. Certaines personnes performeraient dans n'importe quel art martial. Il ne faut pas juger l'art martial d'après ces personnes, mais d'après le petit dernier en bas, celui qui a l'air gauche et peu efficace.

Plusieurs nouveaux arts martiaux peuvent sembler attrayants. Il faut apprendre à juger de façon critique et surtout, il ne faut pas se gêner pour poser des questions. Avant d'enseigner une technique, je l'analyse de fond en comble, je veux savoir si c'est logique et réaliste. Il y a tellement d'enseignements d'arts martiaux qui ne sont pas réalistes, que je ne veux pas en rajouter davantage.

Pour avoir eu de nos étudiants et étudiants s'en sortir contre du couteau, de la machette, deux ou trois adversaires, des 2 X 4, etc. je sais que le *ninjutsu* est pour l'instant le plus performant. Si un jour il y en a un meilleur, alors il se peut que je fasse le saut vers cet art martial.

Côté philosophie, je considère que oui le *ninjutsu* comporte un aspect philosophie intéressant. Il n'est jamais très démonstratif, ou très ésotérique, mais il est omniprésent dans la pratique de notre art. On a qu'à regarder comment cet art nous transforme positivement, pour comprendre qu'il y a toute une philosophie de vie dissimulée au sein des techniques.

Dernière petite chose, il y a autant d'arts martiaux différents, qu'il y a de tempérament d'arts martialistes. Il en faut pour tous les goûts.

Voilà à peu près qu'elles étaient mes propos sur le forum.

Beaucoup à partager

20 avril 2009

Au compte-gouttes

Un étudiant vient de m'envoyer un courriel me demandant pourquoi après quelques mois de *ninjutsu*, il avait l'impression d'avoir vu plus de principes que durant quelques années dans un autre art martial.

Ce n'est pas la première fois qu'un étudiant me fait cette réflexion. J'ai également eu ce raisonnement après quelques mois de pratique du *ninjutsu*. Je pense qu'il y a plusieurs raisons qui peuvent amener à ce résultat. Tout d'abord, lorsque l'on débute un art martial, il faut apprendre des techniques de base. Comment frapper, comment bloquer, comment bouger efficacement, lorsque l'on part de zéro, il faut travailler à partir de la base. La plupart des styles d'arts martiaux ne se déconnecteront jamais de la base. Durant toutes leurs vies martiales, la plupart des pratiquants ne cesseront d'apprendre des techniques que de façon mnémonique. Plusieurs auront l'impression de continuer à apprendre toute leur vie et d'autres auront l'impression de tourner en rond. Ceux qui en viennent à me poser ce genre de questions sont probablement de cette dernière catégorie.

Le *Bujinkan* tel qu'enseigné par Hatsumi *sensei* et les autres *shihan* japonais, nous révèle qu'au-delà des techniques, il existe tout un monde martial basé sur des principes plutôt que sur des techniques. Attention, il ne faut pas renier les techniques, ce sont nos bases et je verrais mal un étudiant débutant n'apprendre que des principes. Les gens qui me font ces réflexions sont généralement des gens qui ont de nombreuses années d'expérience dans leur art martial.

L'étude d'un principe plutôt que d'une technique nous offre une autonomie plus grande dans notre compréhension martiale. Cette étude développe notre compréhension à voir ce qui est caché au sein des techniques. Ce n'est plus une accumulation de techniques, mais une compréhension mécanique, psychologique et énergétique d'une action guerrière. Déjà à ce stade, on vient de gravir un échelon comme art martialiste. On peut à ce niveau s'adapter à une attaque que l'on n'aura jamais vue en dojo. On ne connaît peut-être pas la technique pour se sortir de cette attaque, mais notre compréhension des principes fera en sorte qu'on pourra s'adapter facilement et probablement remporter la victoire.

Ceux qui ont eu la chance de faire d'autres styles d'arts martiaux se souviendront probablement du fait que beaucoup de professeurs donnent la matière au compte-gouttes. Beaucoup de professeurs vont parler de certains principes comme étant une doctrine secrète qui ne s'enseigne que lorsque vous aurez atteint un niveau suffisant. Beaucoup de professeurs laissent plein de sous-entendus sur certains principes afin de laisser planer une aura de mystère autour d'eux.

Heureusement pour nous, Hatsumi *sensei* n'a pas besoin de s'entourer de cette aura de mystère pour qu'on l'admire et qu'on le respecte. Sa qualité martiale est suffisante pour s'attirer admiration et respect. Hatsumi *sensei* ne connaît pas le principe du compte-gouttes. Au contraire, il ouvre constamment toutes grandes les vannes et laisse couler à flots ses connaissances. Le problème, c'est nous. Il y a tellement de matériel à prendre, que souvent nous n'y suffisons pas. Heureusement, les *shihan* japonais qui sont à longueur d'année dans l'entourage de *sensei*, nous aident à avoir accès à cette manne. Ces derniers, tout comme Hatsumi *sensei*, ne se gênent pas pour dispenser leurs connaissances. On a qu'à penser à un cours de Noguchi *sensei*, où durant une heure et demie, il a le temps d'enseigner trente ou quarante techniques et variations, basées sur quelques principes qu'il veut transmettre.

Malheureusement, dans trop d'arts martiaux, on garde les étudiants dans une certaine ignorance. On peut penser que cette façon de faire vient d'une certaine époque où l'étudiant pouvait essayer de surpasser son professeur pour prouver sa valeur. Un bon professeur doit faire en sorte que ses étudiants progressent plus vite que lui ne l'a fait. Attention, je ne parle pas de ceinture, mais de qualité martiale. Il fait une épuration de ses propres erreurs d'apprentissage pour donner à ses étudiants le matériel qui devra les faire progresser le mieux possible. Par contre, pour garder son statut de professeur, ce dernier doit lui aussi apprendre à vitesse grande V s'il ne veut pas que ses étudiants le rejoignent. Si tous font des efforts dans l'apprentissage, professeur et étudiant s'améliorent constamment.

En réponse à ceux qui se posent toujours cette question sur le fait qu'on apprend plus dans le *Bujinkan*, la meilleure explication reste sans aucun doute, la générosité exceptionnelle d'Hatsumi *sensei*, qui nous ouvre toutes grandes les portes de la connaissance.

Guerrier ou guerrier

29 avril 2009

Une hiérarchie intemporelle

Le mot art martial peut se traduire par art de la guerre. Traditionnellement, les arts martiaux avaient pour but de former une personne apte à aller combattre sur un champ de bataille. Tous ne sont pas égaux devant l'apprentissage. Afin de former le plus grand nombre de guerriers possible, souvent dans le plus court laps de temps possible, il fallait que les techniques soient simples à apprendre.

Dans une armée vous retrouvez différents types de combattants. Les plus importants sont probablement ceux qui ont la capacité à avoir une vue d'ensemble, à pouvoir évaluer une stratégie qui soit globale, qui engendre tous les déplacements de chaque unité. Pour arriver à ce poste, ces gens ont dû survivre à de nombreux combats ou conflits. Ils ont l'expérience pour eux. Ils sont difficilement remplaçables. Ils ont acquis une grande maîtrise de la stratégie.

Dans un deuxième temps, on retrouve des officiers moins gradés. Ils peuvent superviser une bataille dans un endroit délimité, mais n'ont pas la compétence ou la vue d'ensemble pour diriger l'ensemble des troupes. Ils sont importants, mais peuvent tout de même être remplacés avec le temps. Ils gèrent un secteur et établissent des stratégies sur un secteur plus délimité. Ils sont de bons stratèges, mais ont généralement besoin de voir ce qui se passe en temps réel.

Finalement, il y a les soldats. Ils sont formés rapidement. On n'a pas le temps d'en faire des machines de guerre, ils deviendront meilleurs s'ils survivent. Ils sont remplaçables. La plupart des entraînements de styles militaires jugent que 10 % de perte est très acceptable. L'entraînement est basique, frapper, esquiver, bloquer. Ils n'ont pas besoin de réfléchir. On leur dit où frapper, et ils n'ont qu'à exécuter les ordres sans se poser la moindre question. À ce stade, réfléchir n'est peut-être pas l'idéal, car la compréhension de la situation amènerait l'exécutant à réaliser qu'il va nécessairement mourir. Son but est de résister le plus longtemps possible, afin qu'un plan d'ensemble puisse se réaliser.

Beaucoup d'arts martiaux de nos jours, s'en tiennent à ces bases. Ils n'enseignent pas à leurs pratiquants, à développer une vue d'ensemble de l'art. Ils ne réalisent pas que telle façon de bloquer expose dangereusement la colonne vertébrale. Ils ne sont pas conscients que l'attaque qu'ils font laisse des ouvertures exploitables par l'adversaire. J'ai déjà vu un article dans une revue d'art martial où le maître interviewé bloquait une attaque au couteau d'un crochet de la jambe... à hauteur du visage. L'artère fémorale ne se trouvait qu'à quelques centimètres de la lame. Si elle est coupée, c'est la perte de conscience dans les trente secondes et la mort dans la minute qui suit. C'est cette inconscience qui différencie un art martialiste formé rapidement, de l'un que l'on forme en prenant le temps nécessaire et en respectant les règles de l'art.

Le *ninja* était un guerrier d'une particularité différente. Dans bien des cas, sa survie était importante. Comme il était souvent chargé de mission d'infiltration, ramener l'information à ses supérieurs était crucial pour la sécurité et même la survie du clan. 10 % de pertes sont inacceptables dans ces conditions. Comme Hatsumi l'a déjà dit, le *ninjutsu* est un art où on doit apprendre à survivre. L'enseignement, tel qu'enseigné au Japon par Hatsumi *sensei*, nous permet de développer cette vue d'ensemble. L'étude de principes plutôt que de techniques, développe notre sens critique, de l'utilisation de techniques en situation réelle.

Alors, lorsque vous choisirez un art martial, demandez-vous quel point de vue vous permettra d'acquérir votre art martial.

La forme physique

7 mai 2009

Êtes-vous un super athlète ?

Vous courrez quotidiennement entre quinze et vingt kilomètres chaque jour. Ce n'est pas la pluie ni la neige qui peuvent vous arrêter. Naturellement, la course seule n'est pas suffisante à vos yeux. Faire deux ou trois cents pompes n'est qu'un jeu d'enfant pour vous. Tout ce qui s'offre à vous pour endurcir votre corps est le bienvenu.

Naturellement, vous êtes également présent à tous les cours d'arts martiaux qui s'offrent à vous à votre dojo. Le pourcentage de temps accordé au conditionnement physique sur vos cours, avoisine les 30 % quand ce n'est pas plus. Vous maintenez ce rythme plusieurs années et vous vous considérer un excellent art martialiste parce que vous avez une forme physique loin au-dessus de la moyenne. Et pourtant, vous êtes probablement à côté de la « track ». Toute cette énergie que vous avez mise sur votre forme physique... Dommage que vous n'ayez pas investi davantage sur vos arts martiaux plutôt que sur votre corps.

Cet art martialiste décrit ci-dessus, c'est moi dans ma jeunesse, avant la trentaine. Se faire sauter sur le ventre à pieds joints, recevoir plein de coups un peu partout dans l'espoir d'un endurcissement, courir en milieu fermé (le dojo) pour augmenter le niveau de difficulté, ou courir avec des poids pour augmenter le niveau de résistance, faire du full-contact avant l'invention des équipements de protection, bref, de l'entraînement normal, il y avait 30 ans. Les vieux comme moi pourront vous confirmer ce genre d'entraînement. Un jour un vieux prof d'arts martiaux, avec qui je philosophais, eu des propos qui eurent l'effet d'une douche froide. Si tu t'entraînes à recevoir des coups sur le corps pour t'endurcir, alors reçois-en également au visage, à la tête et aux parties, car ce sont les endroits les plus susceptibles de te faire perdre un combat.

Ce soir au dojo, nous discutions de l'importance de la forme physique. Je pense que j'ai un peu surpris un des étudiants avec mes propos. Nous parlions du fait que beaucoup de styles d'arts martiaux amenaient les étudiants à une forme physique extraordinaire. J'ai surpris mes étudiants en disant qu'il était regrettable de perdre autant de temps. La réponse d'un de mes étudiants ne se fit pas attendre : « Tu considères que ce n'est pas important d'être en bonne forme physique ? »

Imaginons un instant que vous ayez deux groupes de guerriers à entraîner pour des missions de combats sur une longue durée. Dans le premier groupe, vous optez pour un conditionnement physique extrême. Vous désirez en faire des machines de guerre. Ils peuvent soulever une voiture, courir de longue distance en transportant de lourdes charges, etc.

Votre deuxième groupe, vous écourtez sur le conditionnement physique, sans cependant le couper complètement. Vous augmentez également le potentiel physique de vos guerriers, mais dans une limite plus normale. Vous ne recherchez pas à en faire des surhommes. Vous coupez le temps d'entraînement physique de 50 ou même 60 %. Cette économie de temps, vous l'utilisez à former votre groupe aux techniques de survie, à améliorer leurs habiletés aux armes et aux techniques de combat corps à corps.

Vous envoyez vos deux groupes dans des situations similaires, en zone dangereuse. Ils n'ont plus le temps de s'entraîner, et ça fait déjà deux mois qu'ils sont sur le terrain. Est-ce que le premier groupe est resté supérieurement en forme par rapport au second groupe ? Après un mois sans s'entraîner, un athlète olympique perd plus de 50 % de sa forme physique. Est-ce que le second groupe aura perdu plus de 50 % des habiletés qu'ils auront acquis à l'entraînement ? Probablement que non. Alors, lequel des deux groupes a le plus de chance de survivre ?

Oui, ça prend du conditionnement physique. Personnellement sur un cours, je préfère enseigner des techniques martiales plutôt que de faire du conditionnement physique. Les étudiants peuvent courir, s'inscrire dans des gyms, se prendre en main eux-mêmes, mais il est plus difficile d'acquérir de la compétence de combat par soi-même. Je suis professeur d'art martial et non pas de conditionnement physique. J'ai fait le contraire durant plus de 20 ans, et je m'aperçois que d'un point de vue martial, je développe de meilleurs guerriers de cette façon. Peut-être que par ma faute ils ne pourront courir dix kilomètres, mais dans un combat en situation réelle, s'il est fait de manière compétente, ça ne devrait pas dépasser cinq ou dix secondes. En haut de ça, il y a visiblement des lacunes dans l'entraînement de l'un des deux combattants. Je ne suis pas contre le conditionnement physique, au contraire. Mais il est important de comprendre que capacité physique et capacité martiale sont deux mondes différents.

Complément au blogue
Attention, dans le blogue je ne parle pas de ne faire aucun conditionnement physique. Au contraire. Je n'ai jamais dit de ne pas faire de pompes, de courses ou autre entraînement. Ce que je dis c'est qu'il faut savoir doser. Le corps peut atteindre une endurance et une performance supérieure en s'entraînant. Mais lorsque l'on dépasse un certain niveau, on devient esclave de cette performance. Pour la garder, il faut mettre des heures et des heures d'entraînement. Oui à l'entraînement, mais de façon raisonnable.

On peut développer nos aptitudes martiales de différentes façons. On peut pratiquer le point *ki* en ouvrant une porte lourde de centres d'achat, on peut pratiquer l'alignement des os en pelletant de la neige ou en tondant le gazon. On peut s'entraîner partout. Stephen K. Hayes s'entraînait dans la voiture lorsqu'il était avec moi. Tu ne peux envoyer une personne sur un champ de bataille sans un minimum d'entraînement physique. Mais entre faire un « trop grand nombre » de pompes et apprendre comment me cacher, comment piéger un adversaire (*booby trap*, etc.), comment survivre seul, comment crocheter une serrure pour m'évader, j'aime mieux développer les dernières habiletés. C'est ma façon de voir les choses ce qui ne veut pas dire que ça soit LA vérité.

L'approche par compétences

22 mai 2009

J'enseigne au Collège F.X. Garneau en sûreté industrielle et commerciale. Mon travail consiste à former des agents de sécurité afin qu'ils fassent face aux différentes situations qu'ils peuvent rencontrer dans leur travail. J'enseigne aux agents à pouvoir contrôler un individu agressif, armé ou non, à réagir adéquatement à diverses attaques et agressions.

Occasionnellement, comme professeur, j'ai à retourner sur les bancs d'école pour perfectionner différentes facettes de mon travail. Cette semaine, j'y suis retourné pour suivre un cours sur les plans de cours et comment rencontrer les exigences d'un programme-cadre. Une grande partie du cours est consacré à l'approche par compétences, une façon avant-gardiste d'enseigner aux étudiants. Je connaissais bien sûr cette approche par compétences. Mais je n'avais jamais réalisé à quel point l'enseignement d'Hatsumi *sensei* était identique à l'approche par compétences qui s'enseigne au niveau collégial au Québec.

Anciennement, les cours étaient surtout magistraux. Des cours où l'étudiant devait tout apprendre par cœur. Des cours qui étaient très linéaires. Le professeur expliquait ou écrivait au tableau, et l'étudiant n'avait qu'à prendre des notes et à retenir les paroles du professeur pour réussir ses examens. L'étudiant apprenait par le biais de tiroir adapté à chaque matière, sans qu'il y ait corrélation entre chaque matière apprise. Une fois la session terminée, si l'étudiant n'a plus besoin de sa matière, alors on peut oublier tout ce qui a été appris.

Dans une approche par compétences, on amène davantage l'étudiant à comprendre par lui-même. Il doit effectuer des travaux de recherches qui stimuleront sa compréhension et non sa mémoire. Par exemple, à un groupe qui étudierait la médecine, le cours de philosophie sera davantage orienté sur les valeurs humaines et l'éthique. L'approche par compétences permet aux étudiants de développer leurs connaissances en fonction de leurs propres personnalités d'apprenant. Il y a quatre types distincts d'apprenants, et si vous ne tenez pas compte de cette réalité, seul un faible pourcentage des étudiants tirera le plein potentiel de votre enseignement.

L'enseignement d'Hatsumi *sensei* est totalement dirigé vers le développement des compétences. Tout ce qu'il nous enseigne depuis des années est complémentaire et non compartimenté, comme c'est le cas dans la plupart des arts martiaux. Il ne nous oblige pas à apprendre 20 techniques par cœur, mais il nous amène à comprendre les principes qui régissent les techniques. L'enseignement de *sensei* nous permet d'explorer et d'apprendre par nous-mêmes. Oui nous faisons souvent des erreurs, mais par ces erreurs nous développons une plus grande compréhension de l'enseignement.

Une technique apprise par cœur ne nous permet pas de développer notre sens de l'analyse, si on ne va pas au-delà de cette technique. Si on suit la façon de penser d'Hatsumi *sensei*, cela nous oblige à analyser. En approche par compétences, on doit également utiliser notre intuition. Hatsumi *sensei* nous enseigne à utiliser celle-ci de la même façon. Il ne nous laisse pas dans un carcan rigide, il nous permet d'explorer.

L'apprentissage par compétences nous oblige davantage à faire des synthèses de nos connaissances. C'est ce que nous fait faire Hatsumi *sensei* depuis des années, en nous obligeant à rejoindre tout ce qu'il nous enseigne depuis des années. On n'a qu'à penser à l'utilisation des *kukan*, présente dans toutes les techniques. On n'a qu'à penser au *kyojutsu*, au *juppo sessho*, et à tout ce qu'il nous a enseigné, pour réaliser qu'il nous force à développer notre esprit de synthèse.

Dans un enseignement conventionnel, on nous apprend qu'il y a telle solution pour régler tel problème. Dans l'approche par compétences, on demande aux étudiants ce qu'ils feraient pour résoudre ce problème. Et souvent, l'étudiant innove en trouvant un nouvel angle d'approche pour le résoudre. Hatsumi *sensei* fait pareil avec nous. Il nous donne les outils nécessaires afin que nous puissions trouver les solutions par nous-mêmes. On ne peut que remercier Hatsumi *sensei* de nous donner les outils nécessaires à notre progression martiale.

Le *budo*

8 juin 2009

Nous avons fait en fin de semaine un séminaire sur les subtilités du *budo*. Dans ce séminaire, aucune nouvelle technique d'apprise, simplement des façons différentes d'exécuter ces techniques. C'est étonnant ce que de petits détails peuvent changer la façon de faire d'un art martialiste. Après quelques heures, déjà les participants bougeaient différemment.

Le *budo* nous apprend à bouger beaucoup plus librement, à demeurer libres à l'intérieur de nos mouvements et des entraves de nos propres techniques. Lorsque l'on exécute une technique, chacune de ces exécutions a une vie qui lui est propre. Imaginez une technique où on empêche *uke* de dégainer son sabre. Au moment où il tente de sortir le sabre du fourreau, on appuie notre main sur son poignet pour l'empêcher de sortir. On avance sur lui pour le frapper et le maîtriser. On pourrait refaire cette technique cent fois et la refaire de façon identique et probablement que ça fonctionnerait. Mais le *budo* est plus subtil que ça. En appuyant notre main sur son poignet ou avant-bras, on doit sentir dans quelle direction mettre une légère pression afin de briser au maximum la stabilité et l'efficacité d'*uke*, sans cependant l'amener à ce qu'il se déplace trop afin que nous ne perdions pas le plein contrôle de son corps.

Dans le *budo*, chaque mouvement doit se faire en fonction de gérer la structure de notre adversaire. Chaque mouvement que l'on fait doit nous amener dans une zone propice à une frappe ou à créer des ouvertures. Le *budo* c'est une interaction avec de la matière vivante, qui s'adapte consciemment ou non à chacun de nos mouvements. Si vous refaites un *kata* plusieurs fois de façon identique sans tenir compte de cette réalité, vous vous éloignez du *budo*. Hatsumi *sensei* a déjà dit que le *budo* c'est la vie. Le *budo* c'est également la voie qui nous apprend à utiliser le moins d'énergie possible. Par exemple, on peut remarquer qu'Hatsumi *sensei* utilise de plus en plus le dos de la main de façon légère afin de dévier une attaque, au lieu de repousser physiquement avec tout le bras. Naturellement, il faut que la distance, l'angle adéquat et le *timing* soient au rendez-vous. Et c'est là que tout devient intéressant.

Le *budo* c'est également apprendre à s'adapter à des situations que l'on n'a jamais vues. Sur le séminaire sur le *budo* que nous avons fait, j'ai demandé aux étudiants de se sortir de situations parfois étranges. À ma grande surprise, la plupart s'en sont bien sortis. Il est important de développer un bon esprit d'adaptation face à n'importe quelle situation. Dans mon travail, lorsque je donne de la formation de défense contre couteau à du personnel carcéral ou de sécurité, je garde toujours une demi-heure à la fin pour des questions concernant diverses attaques que je n'aurais pas enseigné, mais que ces gens voudraient apprendre. C'est parfois hallucinant les attaques étranges que ces gens peuvent demander. La plupart du temps, ce sont des choses que je n'aurais même pas imaginées dans mes pires cauchemars. Je m'en suis heureusement, toujours bien sorti. Lorsque l'on donne, deux jours de séminaires intensifs à ces groupes de spécialistes qui vivent des situations à haut risque, un seul échec sur ces demandes spéciales, et toute ma crédibilité d'instructeur pourrait tomber en moins d'une minute. Heureusement, le *budo* nous apprend à faire face à de telles situations.

Un autre point important que nous avons travaillé est la faisabilité des techniques dans notre réalité moderne. Un instructeur m'a déjà dit un jour que l'autodéfense ne faisait pas partie de l'enseignement du *Bujinkan*. Je considère que c'est faux. Le *Bujinkan* nous enseigne tout ce qu'il faut pour sortir de situations à très haut risque et à des confrontations violentes. Il faut cependant que l'étudiant puisse voir de manière lucide, quels mouvements sont réalistes et quels autres sont des outils pédagogiques. Plusieurs techniques sont là pour nous enseigner des bases pédagogiques et non pour du combat en situation réelle. Il faut apprendre aux étudiants à discerner ces deux réalités. Lorsque c'est bien fait, vous obtenez une personne capable de survivre à bien des situations. Depuis plusieurs années déjà, Hatsumi *sensei* nous ouvre toutes grandes les portes du *budo*. Il nous appartient de faire l'effort d'approfondir et de nous assurer que nous comprenions bien son enseignement.

Hatsumi *sensei* définit notre art martial comme étant du *budo taijutsu*. Le *budo* est un univers martial d'une richesse incroyable.

Sabaki

17 juin 2009

Le mot *sabaki* est généralement traduit par mouvement, ce qui n'est pas faux. Un jour, un de mes profs de japonais, un monsieur dans la soixantaine, qui avait vécu 25 ans au Japon et avait été directeur d'école là-bas, m'expliqua que *sabaki* dans sa définition moderne, se traduisait par mouvement. Mais il continua en expliquant que dans le vieux japonais, le mot *sabaki* désignait un mouvement exagéré. On exagère le mouvement pour ensuite apprendre à bouger en effectuant des déplacements plus petits, plus réalistes. On exagère le mouvement dans un but pédagogique, pour bien comprendre la mécanique de déplacement et une fois que tout ça est assimilé, on ramène le déplacement à des proportions réalistes.

Je harcèle souvent mes étudiants avec ces déplacements *sabaki*. Apprendre à bien bouger est essentiel dans un art martial. Mais mieux, apprendre à faire le bon mouvement au bon moment l'est davantage. En situation réelle, lorsqu'une attaque arrive, que ce soit à poing nu ou avec arme blanche, il n'y a pas de place à l'erreur. Étudier une grande variété de déplacement *sabaki*, c'est habituer son corps et son esprit à réagir et à prendre la direction la plus appropriée pour se protéger.

Le principe du temps de réaction est simple à comprendre. L'œil perçoit une attaque. L'Information se rend au cerveau par le nerf optique. Le cerveau doit analyser la situation et conclure qu'il y a danger. Il doit élaborer une stratégie. Une fois la stratégie élaborée, le cerveau envoie un message aux muscles qui vont initier l'action motrice. L'automatisme que développent les déplacements *sabaki*, permet au cerveau d'échapper ou du moins d'écourter l'aspect analyse de la stratégie. Le corps sait déjà comment réagir, dans le bon angle, à la bonne distance et au bon moment.

Il existe plusieurs déplacements *sabaki* en fonction des divers besoins que l'on peut avoir. Les déplacements sont un bon tai-chi pour le corps, mais aussi pour l'esprit.

Quelques définitions

19 juin 2009

Les mots ne décrivent pas toujours ce que l'on voudrait exprimer. C'est encore plus vrai en japonais. Dans le blogue précédent, j'ai parlé du mot *sabaki* qui, de façon moderne, est traduit par mouvement ou déplacement, alors que dans le japonais ancien, le même mot désignait un mouvement exagéré.

Une mauvaise compréhension des mots peut parfois nous éloigner de son sens réel. Un bon exemple de ce type de mot est *osaeru*. En japonais moderne, ce mot désigne simplement le fait de saisir ou d'agripper. C'est la définition que vous trouverez dans les dictionnaires. Mon vieux prof de japonais m'a déjà expliqué que dans le vieux japonais, dans un contexte martial, *osaeru* désignait une action d'appuyer fortement de notre main en donnant une direction précise au mouvement de pression. Hatsumi *sensei* utilise souvent ce verbe et il l'utilise généralement avec l'idée ancienne du mot. Ça fait toute la différence entre simplement agripper et rediriger une partie du corps de l'adversaire en utilisant ce type de pression poussé.

Un autre bel exemple de l'importance du sens des mots est le mot *kihon*. Aujourd'hui *kihon* se traduit par base, mouvement, standard. Autrefois, dans les arts martiaux, le mot *kihon* exprimait une étude du mouvement de base, du mouvement essentiel. Le *kihon* était une des deux facettes d'une technique, l'autre étant le *kata*. Par opposition au *kihon* qui enseigne le mouvement, le *kata* lui enseigne la technique ou la mécanique.

Prenons un *kihon happo* comme *muso dori*. On peut imiter le mouvement avec seul objectif de faire la clé. Mais un *kihon* est plus que ça. Si on s'attarde au mouvement sans s'occuper de la clé, notre déplacement devrait naturellement nous amener à faire cette clé. La clé est le résultat du mouvement et non l'inverse. Par ce manque de compréhension de la langue, beaucoup de gens font des techniques et non des *kihon*. Dans le *muso dori*, si notre déplacement est bien fait, et que l'on se dirige vers l'arrière d'*uke* dans le bon angle, le mouvement amène automatiquement une rotation de l'épaule d'*uke* et positionne ainsi son bras de manière à ce la clé puisse se faire facilement. Le mouvement a créé la technique et non l'inverse.

Si on pousse plus loin la compréhension des mots, *muso* veut dire sans intention. *Muso dori* signifie donc capturer le guerrier sans intention. Donc si on tente de manipuler fortement le bras d'*uke*, ce dernier tombera en mode défensif et la clé ne pourra probablement plus se faire. La compréhension du mot *muso* fait en sorte que l'exécution du *kihon happo* pourra varier en fonction de la compréhension de son auteur.

Il y a des langues qui sont plus descriptives, d'autres qui sont plus poétiques, d'autres qui sont plus directes, faites pour le monde des affaires. Le Japonais est une langue d'action où chaque mot possède un sens qui lui est propre. Chaque mot fait preuve d'une précision surprenante sur la manière d'exécuter une action.

Arrogance ou ignorance

29 septembre 2009

Beaucoup d'entre vous qui enseignez les arts martiaux, et ce, peu importe le style, vous allez probablement revivre quelques souvenirs en lisant ces lignes. Je suis sûr que vous avez tout comme moi, vécu ce genre de situation.

J'ai reçu récemment la visite d'une personne qui désirait voir un cours de *ninjutsu*. Je vous raconte ceci, car ce n'est pas la première fois que ça arrive et ça ne sera sûrement pas la dernière. À la question « Avez-vous déjà fait des arts martiaux ? », la plupart des gens d'expérience répondent de façon à atténuer leur expérience. Oui j'en ai fait un peu, oui j'ai touché à différents styles, etc. Mais de temps à autre, il y en a qui répondent comme ça : j'en ai fait beaucoup. La personne qui était là ce soir-là a donné cette réponse.

Le cours débute et notre visiteur est assis sur un banc. Comme il y a pas mal de gens dans le dojo, il se retrouve près de quelques débutants, des étudiants qui ont à peine trois semaines de cours à leurs actifs. Ce soir-là, à la demande d'un des étudiants, j'enseigne quelques techniques à mains nues contre sabre et de la défense au couteau.

Je constate que notre invité est en train d'essayer de corriger les ceintures blanches qui sont près de lui. Curieux de voir sa compétence martiale, je le laisse aller jusqu'à ce que cela bifurque trop. Naturellement, ses techniques sont élégantes et peuvent, avec un peu de chance, fonctionner sur un adversaire qui est statique. Je n'ai pas le choix, je reviens corriger les étudiants en expliquant pourquoi le faire à notre manière.

Sur une technique où on fait un *ura gyaku* sur une attaque au couteau, notre curieux personnage dit que personne ne peut le mettre à terre avec une telle clé. Seul son professeur d'aïkido pourrait le mettre au sol. Naturellement, je ne peux réprimer un petit sourire. Ça ne me tentait pas de lui briser un poignet pour lui prouver qu'il avait tort. Ce n'est pas parce que des partenaires d'entraînement n'ont pas la compétence voulue pour faire efficacement une clé que l'on est invulnérable à de telles prises.

Sur les techniques de défense contre le sabre, il tenait à exécuter la même réponse à une même attaque des deux côtés du sabre. Comme le sabre se tient main droite près de la garde et main gauche à l'arrière, on ne peut effectuer la même mécanique des deux côtés. Ces petites lacunes démontrent un manque de connaissance dans le maniement du sabre.

Mes étudiants ont dit par la suite qu'ils avaient eu l'impression que cette personne riait d'eux. Très souvent, une ceinture noire qui manque de confiance en lui se mettra sur la défensive face à d'autres arts martialistes. Cette attitude défensive peut donner une impression d'arrogance, ce qui n'est pas toujours le cas. Personnellement, je préfère qualifier ce comportement d'ignorant. Probablement que cet homme est un très bon art martialiste. Je ne remets pas en cause sa capacité d'exécuter les techniques comme il les a apprises. Le problème vient du fait que l'enseignement du *Bujinkan* tient compte des situations réelles et non d'une chorégraphie que l'on peut exécuter dix fois de suite de la même manière. N'importe quelle ceinture noire qui a eu à se battre en situation réelle vous dira que le dojo est une chose et que la rue en est une autre. Notre enseignement en dojo est plus proche de la rue que ce que l'on pourrait faire uniquement en dojo.

Nous accueillons très fréquemment des ceintures noires d'autres styles d'arts martiaux qui viennent regarder nos cours. Il est rare que ces personnes soient arrogantes. La plupart du temps, l'échange se fait sans compétition, de façon amicale et ces rencontres sont des plus agréables. Et si au lieu de l'ignorance, cela est vraiment de l'arrogance, alors, peut-être serait-il temps pour nous professer, d'enseigner à nos étudiants ces quelques principes d'humilité qui font partie intégrante de la plupart des arts martiaux.

Ces satanés *sanshin*

9 octobre 2009

Décidément, ils n'ont pas fini de nous étonner. Les *sanshin* sont de petits enchaînements de mouvements qui, à première vue, ne dénotent rien de bien particulier. Lorsqu'on les regarde de l'extérieur, ces petites chorégraphies semblent faciles à exécuter.

Depuis plus de 20 ans, je pratique les mêmes *sanshin*. Après tout ce temps, il serait facile de dire que ça y est et que je les maîtrise. Ça serait vraiment prétentieux de ma part de penser de la sorte. Les *sanshin* sont de petits trésors qui nous donnent un enseignement à plusieurs niveaux.

Il est assez fréquent qu'Hatsumi *sensei* démontre une technique et qu'il réfère au *sanshin* dans l'exécution de la technique. Mais où voit-il du *sanshin* dans cette technique ? La plupart des gens, moi y compris, sur le moment, n'y voyons rien. Comme tout le monde, nous exécutons la technique en essayant de copier le mouvement. Parfois, quelques semaines ou quelques mois plus tard, la lumière se fait. C'est ça qu'il voulait dire par le *sanshin* dans cette technique...

Les *sanshin*, lorsqu'ils sont faits de façon traditionnelle, recèlent un enseignement qui se joue à plusieurs niveaux. Je réfère de plus en plus aux *sanshin* pour faire comprendre aux étudiants certaines façons de bouger et ça marche. Cet enseignement n'est pas toujours facile à voir.

Prenons par exemple un boxeur qui donne un direct. Quel rapport peut-il y avoir avec le *sanshin* terre et un direct donné par un bon boxeur ? Le *sanshin* terre nous enseigne entre autres, à récupérer le mouvement naturel de balancier de notre corps. Lorsqu'on transfère le poids vers l'avant, c'est notre poids qui doit entraîner le bras et non l'inverse. Si on donne un direct avec la puissance du haut du corps seulement, on perd énormément de puissance à l'impact du coup de poing. C'est le même mouvement que le *sanshin* terre, qui doit être fait par les jambes tout en donnant le coup de poing. Le *sanshin* terre est un excellent exercice pour apprendre à récupérer tout le poids du corps, tout le mouvement des jambes et à transférer le tout en un alignement solide et puissant au moment de l'impact.

Chaque *sanshin* possède la capacité de nous enseigner une multitude de principes. Il nous appartient de creuser et de chercher à comprendre ce qu'il en est. Par la simple exécution d'un *sanshin* terre, une ceinture noire déroule son CV martial. On peut avoir une idée assez juste des forces et faiblesses de celui qui les exécute. Les *sanshin* sont toujours de mise même au Japon. Durant le dernier cours que nous avons fait avec Noguchi *sensei* en juillet, nous avons révisé les *sanshin*. J'étais soulagé de voir que la façon dont j'enseignais les *sanshin* était à peu près identique à ce qu'il enseignait, à quelques petites nuances près.

Les *sanshin* n'ont pas été structurés de cette façon par hasard. Chaque mouvement a une raison d'être. Partir d'un *sanshin* et modifier le mouvement pour explorer d'autres voies est un excellent exercice. Ça permet de découvrir de nouvelles façons de bouger, de gérer une attaque. Je fais fréquemment cet exercice sans que les étudiants le réalisent vraiment. Mais après l'exploration, on revient à la base, c'est encore cette base qui peut nous permets d'évoluer le plus.

Pourquoi le daikomyosai

16 novembre 2009

Le *daikomyosai* est un événement important dans la vie de tout pratiquant de *ninjutsu*. C'est le point culminant d'une année de travail. Chaque année Hatsumi *sensei* nous donne un thème à travailler. Chaque thème nous permet de développer une facette de notre personnalité martiale. Certains thèmes sont si étranges, que parfois, ça peut prendre plusieurs années avant de comprendre le tout dans son ensemble. On n'a qu'à penser à la corde, un des thèmes de cette année, pour comprendre la profondeur et parfois l'étrangeté de l'enseignement de *Sensei*. Mais il ne fait rien pour rien.

Chaque *daikomyosai* est unique. Le *daikomyosai* nous apprend certes des techniques, mais ça serait simpliste de se limiter juste à cela. Lorsque l'on repart d'un *daikomyosai*, on revient avec un *feeling*, un mode de pensée un peu plus développé, une vision différente de l'art martial. Curieusement, si on ne fait que regarder le DVD de l'événement, on ne peut saisir cet enseignement *okuden*. Stephen Hayes m'a dit un jour « Si tu veux t'améliorer dans les arts martiaux, il faut que tu te tiennes avec quelqu'un qui vibre plus haut que toi ». Il est difficile de « vibrer » plus haut qu'Hatsumi *sensei*. Au fil des années, j'ai eu la chance de voir à quelques reprises, des maîtres d'autres arts martiaux, venir rendre une visite à Hatsumi *sensei*. Tous sans exception, lui accordait un respect sans restriction. Visiblement, ils acceptaient et reconnaissaient le niveau de compétence d'Hatsumi *sensei*. Je pense que cette compétence, cette vibration, cette énergie est quelque chose de bien réelle et qu'il est important de pouvoir s'y connecter.

Mais le *daikomyosai* est bien plus que ça. Chaque *shihan* occidental ou japonais qui amorce l'entraînement en effectuant une technique donne une teinte particulière à cette technique. On ne fait pas que copier une technique en essayant de la reproduire. On y apprend différents ressentis sur la manière de faire une technique. Que l'on aime ou pas la manière dont la technique a été faite, ça n'a pas d'importance. L'important est d'apprendre de nouvelles façons de faire les choses, de nouvelles façons de les vivre.

À partir de ces techniques, Hatsumi *sensei* nous démontre qu'il y a plus de profondeur dans une technique que ce que l'on pourrait penser. Il nous permet d'accéder à des niveaux que la plupart des arts martialistes n'effleureront même pas durant toute leur carrière. Le *daikomyosai* est une prise de conscience avant d'être un enseignement technique.

Le *daikomyosai* est un événement incontournable. Malheureusement, chaque voyage au Japon coûte cher. Il ne nous est pas toujours possible d'aller y chercher notre enseignement. Mais si l'opportunité est là, il faut la saisir à deux mains et savoir apprécier la chance d'y participer.

Deshi 弟子 ou *seito* 生徒

20 novembre 2009

Comme toutes les semaines, je vais me promener quelques heures avec Mikka. C'est l'occasion pour moi de ne parler qu'en japonais et d'acquérir à chaque fois un peu plus de compréhension de la culture japonaise.

C'est là que j'ai appris que je n'étais pas un élève (*seito*) d'Hatsumi *sensei* mais un *deshi* d'Hatsumi *sensei*. En français, ça se traduit un peu mal, car le mot qui s'y rapproche le plus est disciple. Ça donne une connotation un peu sectaire. Si on prend la peine de décortiquer un peu le terme *seito*, qui se traduit par élève, on y retrouve deux caractères. Le premier 生 représente la vie, la naissance. Le second kanji 徒 peut se traduire par junior, vide, éphémère, futile. *Deshi* se compose également de deux *kanji*. Le premier 弟 peut se traduire par jeune frère, et aussi par loyal envers les aînés. Le second kanji 子 peut se traduire par enfant.

Il est facile de penser que le mot élève désigne une personne qui n'a aucune obligation envers son professeur. Son rôle consiste à apprendre, à accumuler des connaissances sans qu'il soit nécessaire d'avoir une interaction avec le professeur. Les connaissances transmises ne sont que des données que l'on peut enregistrer sur un disque dur. On ne passe pas nécessairement par un canal émotionnel. Le professeur a la responsabilité de transmettre des informations, sans nécessairement avoir besoin de s'occuper des autres aspects de son étudiant. L'étudiant n'aura pas de lien durable avec le professeur. Lorsque ce dernier a terminé de transmettre sa matière, on passe à une autre source d'information.

Au Japon, on désigne comme élève, les enfants du primaire et du secondaire. Au-delà, on devient *deshi*. C'est là que le chercheur universitaire suit ses meilleurs étudiants. Ces derniers l'aideront dans ses recherches. Ils n'hésiteront pas à le désigner comme référence pour de futurs emplois. Mais il y a peu de chance qu'ils citent le nom de leurs professeurs du niveau élémentaire comme référence.

Deshi désigne une connexion, un lien très fort entre le professeur et son apprenti. Dans les arts martiaux, il m'est arrivé régulièrement de rencontrer des gens qui étaient prétendument ceintures noires et qui étaient incapables de me dire le nom de leur professeur. Je comprends le mot *deshi* lorsque je regarde le lien que l'on peut avoir avec Hatsumi *sensei*. Lorsque l'on devient *deshi* d'Hatsumi *sensei*, on s'aperçoit qu'il nous donne beaucoup de correction à faire, de points à améliorer, qu'il établit une relation privilégiée avec chacun de ses *deshi*. Je pense qu'Hatsumi *sensei* enseigne toujours à deux niveaux. Il a des élèves et il a des *deshi*.

Le *deshi* a lui, la responsabilité de se montrer à la hauteur, de travailler très très fort pour aller dans la voie que lui indique son maître. À ce niveau, on ne parle plus de professeur, même de très haut niveau, mais on peut parler de maître. On n'a qu'à regarder le comportement des *shihan* japonais pour comprendre cette réalité. Il est parfois difficile d'être *deshi*, car on ne nous met pas tout, tout cuit dans le bec. Il faut faire un effort pour aller chercher l'information, on doit faire des recherches, des expérimentations, bref, on doit affronter la vie elle-même. Le terme *deshi* demande également de la loyauté, de la fidélité. Non de façon fanatique, mais de manière humaine. Si on apprécie le maître qui donne la formation, que tout se passe dans le respect, le *deshi* suivra le maître et le respectera toute sa vie. Le maître nous enseigne à prendre notre vie en main. Il nous donne de l'autonomie, il nous transmet une philosophie et une hygiène de vie qu'il a reçue lui-même lorsqu'il était *deshi*. Cette transmission séculaire se fait depuis plus de 900 ans. Être *deshi* est un privilège, apprenons à l'apprécier.

2008

Ninpo goshin

15 janvier 2008

Lors de mon dernier cours avec Hatsumi *sensei* le 14 décembre dernier, je lui ai demandé une calligraphie du thème de 2008. Il m'a fait cette calligraphie qui veut dire *ninpo goshin*. Attention à ne pas traduire par le *ninpo* des cinq cœurs. Mais plutôt par quelque chose comme « allez de l'avant avec le *ninpo* ».

L'année 2008 promet d'être des plus intéressantes. On a eu quelques exemples d'Hatsumi *sensei* et de quelques *shihan* japonais de ce que sera le thème 2008. Les déplacements *sabaki* seront toujours de mise, mais avec certaines nuances. Hatsumi *sensei* a fait une technique en insistant qu'il n'y avait aucun *sabaki* dans l'esquive contre une attaque au sabre.

Il a également mis plusieurs fois l'emphase sur l'aspect *shizen* des techniques. C'est-à-dire apprendre à suivre le chemin naturel que devrait suivre une technique. Généralement, on a tendance à faire une technique en utilisant le cheminement que nous enseigne le *kata* de base. L'aspect *shizen* nous enseigne à utiliser le chemin naturel de la technique au moment de son exécution. Ce qui veut dire qu'une technique ne peut être fait de façon identique deux fois de suite, ce que tous nous savions tous. Là où ça devient intéressant, c'est d'apprendre à ressentir ce que peut être ce chemin naturel. On a généralement tendance à analyser, ce qui nous amène à prédire le chemin qu'empruntera la technique. À partir du moment où il y a pensé, ce chemin n'est plus naturel, car il est guidé par l'intellect, qui lui, aura tendance à faire la technique basée par des mouvements logiques et non nécessairement naturels.

Le thème 2008 tendra davantage à nous amener à une adaptation spontanée des différentes attaques. Curieusement, on se dirige davantage vers un art martial de *feeling* que d'intellect. Naturellement, pour arriver à être efficace, la compréhension des bases est nécessaire. Mais à partir de cette étape, je pense, l'année 2008 permettra de stimuler l'aspect guerrier, de développer davantage nos talents d'arts martialistes en situation réelle.

On devrait y voir l'étude des *kata* d'évasion du Togakure. Les *tonsos* nous permettent de créer une synergie avec l'adversaire, comme peu de *ryu* peuvent le faire. On peut penser que cette facette de ces *kata* sera exploitée à fond. Ça serait irréaliste de ne voir dans ces *kata* que des techniques d'évasion. Le *ninpo* sous-entend une connexion avec l'adversaire, une maîtrise des mouvements et de l'esprit. On retrouve tout ça dans les *kata* du Togakure.

On peut également penser que *Sensei* s'est donné comme objectif de relier tout ce qu'il nous a enseigné jusqu'à présent. C'est une étape essentielle pour faire de nous des arts martialistes adultes et autonomes. Il fait depuis quelque temps plusieurs allusions à son retrait de la vie martiale tel que nous la connaissons. 2008 sera peut-être une année charnière dans le *Bujinkan*.

Savoir accepter l'échec

18 août 2008

Notre époque est l'époque de la facilité. On nous encourage à la performance et à la productivité. On a tendance à oublier que tous les grands hommes ont eu leur part d'échec. Il faut accepter que l'échec fasse partie de notre vie et qu'au lieu de s'apitoyer sur notre sort, il faut apprendre à surmonter ces échecs. Je ne suis pas sûr qu'Hatsumi *sensei* a tout compris rapidement ce que Takamatsu *sensei* lui enseignait. On peut penser avec raison que beaucoup des enseignements de Takamatsu n'ont été compris de lui que très récemment.

J'ai eu, il y a quelque temps, un étudiant d'une autre école qui trouvait l'enseignement dispensé dans notre dojo, trop difficile. Plutôt que de constater ses limites et de regarder de quelle façon il pouvait les repousser, il a préféré prendre un autre chemin, une voie où il est sûr de performer. Est-ce qu'il aura à changer de voie comme ça toutes les fois où un obstacle se dressera sur sa route ? Probablement, tant qu'il n'aura pas compris que les difficultés sont là pour nous faire évoluer.

Il y a longtemps, je parlais des tyrans sur les cours réguliers. Je demandais aux étudiants ce qu'était un tyran. La plupart décrivaient le tyran comme une personne méchante, qui n'était là que pour nuire à leur bonheur. Quelle surprise lorsque je leur disais qu'un tyran était là pour les aider à évoluer. Lorsqu'on fuit un tyran qui se trouve sur notre route, il est certain que tôt ou tard, vous attirerez un autre tyran du même acabit qui se dressera sur votre route. Tant que vous n'affronterez pas ce tyran, lui ou un de ses semblables se présentera. Le tyran est un merveilleux outil pour nous aider à évoluer. On peut choisir de s'apitoyer ou on peut choisir d'affronter nos craintes.

Un tyran peut être une personne, mais également un concours de circonstances ou un événement quelconque. L'échec est le tyran de beaucoup de personnes. Qui des deux a perdu le plus souvent dans la vie ? Probablement le gagnant. La différence entre un *loser* et un *winner* est simple. Un *loser* est une personne qui n'osera rien entreprendre de peur de connaître une nouvelle défaite. Le *winner* au contraire, lui retroussera ses manches, analysera la situation et se jettera de nouveau dans la mêlée.

Alors, à quand remonte votre dernière victoire sur un tyran ?

L'esprit sur la matière

1 septembre 2008

Lorsqu'Hatsumi *sensei* fait une projection, il est très rare qu'il ait à utiliser sa force physique. Ça ne veut pas dire qu'il ne fait pas de projection en utilisant ses muscles, ça veut simplement dire que la plupart du temps, il place son adversaire dans une position d'instabilité tel qu'il n'a simplement qu'à rediriger le corps de *uke* en lui ajoutant de la vitesse.

Depuis mon retour du Japon l'an passé, je vous ai fait faire énormément de techniques utilisant les déséquilibres. J'avoue que ça commence à porter fruit. Je n'ai qu'à regarder plusieurs de nos ceintures vertes pour voir la maîtrise qui commence à s'installer dans notre dojo. Si je regarde également du côté des ceintures noires qui étaient présentes lorsque j'ai enseigné les 9 *kuki* de déséquilibre, je pense que j'ai gagné la bataille contre l'ignorance des déséquilibres.

Malheureusement, on n'a rien pour rien. Le temps consacré aux techniques de déséquilibre ne l'est pas sur la mémorisation des techniques. Mais ce n'est pas trop grave. Le jour où vous deviendrez Alzheimer, vous oublierez les techniques de toute façon, mais ce que votre corps aura appris en *taijutsu*, il s'en souviendra toujours. Graduellement, vous remarquerez que toutes vos projections vont devenir de plus en plus fluides sans avoir besoin de forcer. Graduellement, vous remarquerez que plus un adversaire sera costaud, plus vous utiliserez ces techniques de déséquilibre pour briser sa structure et le rendre vulnérable.

Ces techniques sont difficiles à assimiler. Elles ont le désavantage d'en décourager plusieurs. Mais c'est dans de telles conditions que l'on peut voir ressortir l'aspect guerrier lorsqu'il est présent en nous. Le guerrier ne choisira pas la voie de la facilité, il va choisir la voie qui va lui permettre de développer son maximum de potentiel.

Un combat est une constante collecte d'information. Si vous utilisez vos muscles sans vous connecter à l'adversaire, il est fort probable que vous mourriez dans un combat contre un combattant un peu expérimenté. C'est toujours la règle de l'esprit sur la matière. Je sais que c'est souvent beaucoup demandé à un étudiant de s'entraîner à ce genre de technique. Cette façon de procéder ne laisse pas de référence perceptible sur l'avancement de l'étudiant, beaucoup ont parfois l'impression de ne pas s'améliorer. Détrompez-vous, c'est par l'apprentissage de ces petits détails que la maîtrise se forge. On ne peut faire un bon sabre en une seule journée.

En jouant sur les mots

4 septembre 2008

Hatsumi *sensei* aime jouer sur les mots. On a qu'à lire son dernier livre pour comprendre comment il est naturel pour lui de jouer sur le sens des mots. Les langues occidentales sont très linéaires. Un mot désigne une chose avec précision sans laisser trop de place à l'imagination. Naturellement, nous pensons avec des mots. Les *kanji* étant des images, la façon de penser des Orientaux est légèrement différente. Il a été démontré que ce ne sont pas les mêmes zones du cerveau qui sont en activité lors d'une lecture.

Hatsumi *sensei* aime jouer sur les sons, sur les homonymes. Un même *kata* prendra différentes tournures si on change les *kanji*. Prenons par exemple le *kata osoto gake*. *Soto* veut dire extérieur et *gake* peut être interprété de différentes façons. *Gake* peut se traduire par crocheter et par falaise. On peut traduire crocheter par un fauchage, mais on ne peut faucher une falaise, il faut la creuser. On déposera alors notre pied derrière le creux du genou et on descendra la jambe en ligne droite comme si on désirait crinquer une moto. De cette façon, on peut faire tomber un individu beaucoup plus stable et lourd que nous.

J'ai donné un séminaire qui était basé sur le principe de jouer sur les différents sens que pouvait prendre une technique en changeant le kanji de base pour un kanji à la même sonorité et la signification différente. Comme exercice, les étudiants devaient tenter de trouver de quelle façon on pouvait varier la technique en fonction du nouveau kanji. Les résultats étaient tout simplement ahurissants. La qualité des techniques et des principes était de très très haut niveau. L'exercice s'est révélé d'un enseignement enrichissant pour tout le monde.

Un jour lorsque je parlais avec Oguri *sensei* de ces façons d'interpréter les *kata*, il me révéla que dans presque toutes les techniques, la clé se trouvait dans les noms. Quand je lui ai dit que parfois les vrais noms pouvaient être cachés, il s'est contenté de faire un sourire qui en disait long. Le cours d'après, il a fait une technique de trois manières différentes (le même *kata*, mais avec une façon de faire qui variait) en glissant rapidement le fait que c'était le même *kata*, mais avec des *kanji* différents. En démontrant ça, il me regardait avec son petit sourire que j'interprétais comme «alors, as-tu compris?» Les variations des *kanji* étaient beaucoup plus performantes et réalistes que celle du *kanji* de base.

À une certaine époque, les Asiatiques étaient un peu paranoïaques. Ils avaient peur de se faire voler leurs secrets. Aussi était-il courant de glisser plusieurs techniques inefficaces à travers du bon matériel afin de semer la confusion chez celui qui voudrait voler les secrets. On peut voir au Japon, certaines écoles de sabre qui pour un même *kata*, possède deux versions. Le *kata* étudiant, qui volontairement possède des lacunes. Il est efficace contre un adversaire de peu de valeur, mais ne permettra pas la victoire contre un adversaire de haut niveau. Le professeur s'assurait de survivre facilement à un étudiant qui pourrait vouloir prendre sa place. Le *kata* professeur était ensuite enseigné, lorsque le lien de confiance était total. Il s'agissait du même *kata*, mais avec des corrections d'angles, de déplacement qui pouvait faire toute la différence.

Il ne serait pas déraisonnable de penser que les *shihan* japonais auront toujours une longueur d'avance sur nous en raison de la langue. Traduire une langue n'est jamais facile, le temps de simplifier pour la langue seconde, et une somme d'information est déjà perdue. Hatsumi *sensei* est d'une générosité extraordinaire de la part d'un professeur d'arts martiaux japonais envers des Occidentaux. Mais j'ai déjà vu des cours où les traducteurs avaient peine à traduire *sensei*, car le cours s'adressait surtout aux Japonais. Les traducteurs occidentaux qui sont excellents, soit dit en passant, avaient peine, même à plusieurs, à cerner les propos d'Hatsumi *sensei* alors que les vieux *shihans* japonais acquiesçaient instantanément aux propos de *Soke*. Hatsumi *sensei* utilise souvent des mots d'une autre époque, des mots qui n'ont pas nécessairement le même sens que la définition du dictionnaire.

Un de mes profs de japonais a vécu plus de 25 ans au Japon et était directeur d'une école japonaise. Avec lui nous nous sommes amusés à écouter des vidéos de *Soke* afin de traduire ses propos. Il me disait souvent des propos tels que «dans le dictionnaire moderne, cette expression veut dire telle ou telle chose, mais dans le contexte qui est utilisé ici, ce mot est une expression ancienne qui veut dire...» Et c'était souvent ainsi avec les propos de *Sensei*. La signification du dictionnaire était généralement assez près du mot, mais le sens ancien donnait la couleur, donnait le ton qui changeait la façon de faire du *kata*. Mon vieux professeur de japonais a souvent fait de la traduction pour des vieux Japonais de différentes régions qui ne pouvaient comprendre des Japonais plus jeunes. Il était en admiration devant la culture que possédait *Soke*.

Il est peut-être temps pour nous si on veut saisir toute la richesse de *Bujinkan*, de se mettre au travail et de se familiariser davantage avec la langue japonaise. Naturellement, on peut aussi se contenter de la couche un peu plus superficielle de cet enseignement.

Les maux des mots

Atteindre son seuil de compréhension

7 novembre 2008

La plupart des arts martiaux ont compris que si vous désirez garder longtemps vos ceintures noires, rendez-leur la vie facile. Il ne faut surtout pas qu'ils aient l'impression qu'ils ne peuvent comprendre les nouvelles connaissances qu'ils auront à acquérir.

Dans ces styles, on enseignera des chorégraphies un peu difficiles certes, mais qui ne demandent qu'un peu d'entraînement physique sans avoir à se torturer trop les méninges. À partir du moment qu'ils sont capables de reproduire la chorégraphie avec vitesse et puissance, ils viennent de valider leur supériorité en degré.

Avec Hatsumi *sensei*, c'est un peu différent. Tout devient parfois embrouillé. Est-ce que c'est ce qu'il a voulu dire ? Si je fais ça comme ça, est-ce que je suis dans la bonne voie ? Il me semble que... je pense que je ne comprends pas.

Eh oui, c'est parfois ça le *Bujinkan*. Beaucoup de gens qui atteignent ce stade vont finir par lâcher prise. Ils vont finir par changer d'art martial, pour aller vers quelque chose de plus facile à comprendre, là où il n'y a pas de zone de doute insécurisante. Demeurer avec Hatsumi *sensei* peut parfois relever du fanatisme. Mais le plus souvent, ceux qui s'y attachent le font parce qu'ils ont cette capacité à voir ou à percevoir qu'il y a quelque chose d'extraordinaire qui se cache derrière tout ça.

Je me considère chanceux de garder aussi longtemps mes ceintures noires et en aussi grande quantité. On a qu'à regarder le nombre de mes ceintures noires qui étaient présentes lors du séminaire de Craig Olson pour constater la détermination de ces personnes. Dans la plupart des styles d'arts martiaux, vous avez au moins 50 % d'abandon après le deuxième dan.

Affronter un palier d'incompréhension demande une grande détermination. Il est tellement facile de se décourager et de ne voir que l'aspect négatif des choses à ce stade. Très peu d'arts martiaux nous permettent de nous améliorer tout au long de notre vie. La plupart des arts martiaux ont une date de péremption. À 35 ans vous n'êtes pas aussi efficace et à 50 ans, vous ne l'êtes plus du tout, et à 65 on en parle même plus. La beauté du *Bujinkan* est que nous pouvons nous améliorer toute notre vie. À 35 ans j'étais un excellent karatéka, efficace dans le dojo comme dans la rue. Maintenant que j'ai dépassé la cinquantaine, je réalise que je pourrais en croiser deux comme j'étais, et ce, sans briser mes œufs dans mon sac d'épicerie. Combien d'arts martiaux peuvent nous apporter cela ?

La capacité de voir le potentiel martial

13 novembre 2008

Beaucoup de gens qui pratiquent les arts martiaux n'ont pas les compétences à reconnaître la capacité martiale chez les autres pratiquants. Apprendre à reconnaître la capacité martiale, c'est découvrir les bons professeurs. C'est également déceler tôt les étudiants qui ont un talent certain pour les arts martiaux.

Apprendre à voir les compétences martiales, c'est bien au-delà d'une collection de technique. C'est d'être capable de voir toutes les subtilités dans les façons de bouger. C'est également capable de voir les aspects cachés au sein des techniques. Nous avons fait un séminaire le 31 août 2008 et sur certains exercices, les étudiants avaient à démontrer certains principes cachés au sein des *kihon happo*. Pour ce faire, nous avons utilisé une approche qu'Hatsumi *sensei* indiquait dans son dernier livre. Ce qu'ils ont trouvés était pour plusieurs d'une approche nouvelle et complètement géniale. Le talent était au rendez-vous lors de ce séminaire. Si on stimule l'étudiant de façon adéquate, on pourra obtenir son plein potentiel.

Lorsque Takamatsu *sensei* a choisi Hatsumi *sensei* comme élève, il voyait le talent qui sommeillait en lui. À cette époque, Hatsumi *sensei* lui-même s'y décrivait comme un élève maladroit qui ne démontrait pas vraiment un talent plus que les autres. On a qu'à regarder les vidéos d'époque pour voir comment il bougeait. Lui-même en rit aujourd'hui. Mais, Takamatsu *sensei*, avait vu le potentiel qui était en lui, il savait qu'il était un maître en devenir.

Les gens suivent généralement le troupeau. Hatsumi *sensei* est à la mode, c'est un maître, c'est bien, on suit le troupeau. On ne cherche pas à le comprendre, on cherche à être avec lui, sans voir réellement la profondeur de son enseignement. On a qu'à penser comment un professeur comme Oguri *sensei*, qui s'est fait rejeter durant des années. Pourtant, Oguri a depuis des années des connaissances bien au-delà de ce que nous, *shihan* occidentaux, pouvons avoir. Un beau jour de plus en plus de gens se sont mis à voir Oguri *sensei* et c'est suffisant pour que le troupeau suive, mais sans que plusieurs ne comprennent réellement pourquoi.

Il en va de même pour des professeurs comme Jack Hoban ou Stephen Hayes. Jack Hoban est de loin l'un des meilleurs *shihan* occidentaux du *Bujinkan*, malheureusement pour lui, les gens n'ont pas toujours la capacité à voir ce qui différencie un bon art martialiste d'un qui est très quelconque. C'est étonnant le nombre de *shihan* américains qui font des arts martiaux depuis seulement quinze ou vingt ans et qui se croient de loin supérieurs à un gars comme Jack Hoban. Naturellement, ils attirent beaucoup d'autres personnes comme elles, car généralement, ces professeurs ont un meilleur marketing, une plus grande visibilité. Et comme les gens n'ont pas nécessairement la compétence pour voir le vrai potentiel martial chez les autres...

J'ai un ami (qui ne fait pas de *Bujinkan*), et qui est en aïkido, l'un des plus talentueux aïkidoiste que j'ai rencontré. Il est tellement *low profile* dans son art, que la plupart des pratiquants d'arts martiaux ne voient pas son talent. Par contre, ils iront voir le voisin d'à côté qui parlera beaucoup, même si ses propos sont incohérents et vides de sens. Même si ce voisin n'a pas la moitié du talent de mon ami, ils suivront celui qui fera les plus belles promesses, sans pouvoir voir qui a vraiment à offrir le plus. Si le troupeau est là, c'est qu'il est bon.

Au hockey, un bon recruteur, est capable de voir le talent de jeune joueur dès le niveau pee-wee. Même si le jeune n'est pas le meilleur marqueur de la ligue, le bon recruteur sait qu'avec tel ou tel type d'entraînement, le jeune pourra devenir une figure dominante de son sport.

Quand l'élève est prêt, le professeur se présente à lui. J'ai eu la chance d'avoir des professeurs de différentes disciplines martiales, qui souvent, étaient des génies dans leur branche respective. Malheureusement pour eux, dans bien des cas, ils étaient tellement hors-norme, que peu de gens étaient capables de voir tout le potentiel que ces gens possédaient. Le plus souvent, ils restaient dans l'ombre, car l'important pour eux n'était pas le paraître, mais la connaissance.

Le plus étrange, c'est que ceux qui n'ont pas l'habileté à voir les capacités martiales se croient généralement de niveau supérieur. Ils choisiront généralement le professeur qui leur ressemble le plus, car c'est plus facile pour eux de se sentir bon et d'avoir l'impression qu'ils ont du talent. Ceux qui ont la capacité de voir le talent chez les autres comprennent qu'ils ont encore du chemin à faire. Ils n'hésiteront pas à aller s'entraîner avec des professeurs qui ne partagent pas nécessairement la même philosophie qu'eux.

Je suis déjà allé à un séminaire d'un professeur qui revenait du Japon et qui enseignait ce qu'il a appris au Japon. Les deux bras m'ont tombé. Je n'étais plus sûr s'il était réellement allé au Japon tellement il n'y avait rien de nouveau. Visiblement, cette personne n'avait rien appris au Japon. Mais, c'est toujours bon de dire qu'on va s'entraîner au Japon.

Il faut développer notre habileté à voir les capacités martiales chez nos compagnons d'entraînement. Voir leurs qualités et leurs défauts, nous permet de voir nos propres forces et faiblesses.

2007

Le thème de l'année

3 janvier 2007

Janvier 2007 nous replonge dans l'étude du *kukishinden ryu* au sein des écoles du *Bujinkan*. Comme chaque année, Hatsumi *sensei* nous donne une thématique à étudier.

Le *Bujinkan* nous offre un art martial tellement vaste qu'il serait prétentieux espérer en faire le tour en quelques années seulement. Afin de nous aider à comprendre chacune des pièces du puzzle, Hatsumi *sensei* met l'emphase sur certains points importants. Mais il faut faire attention de ne pas tomber dans le piège de l'absolutisme. Hatsumi *sensei* n'enseigne pas à des débutants. Plusieurs vous diront que son enseignement touche davantage les dixièmes dan et plus. Personnellement, je pense qu'il vise surtout les quinzièmes dans qui eux, ont le travail de nous transmettre l'information.

Il est souhaitable que tous les étudiants voient les techniques du thème de l'année. Il ne faut cependant pas orienter l'enseignement du dojo sur ce thème pour les débutants. La pierre angulaire de notre art martial est le *taijutsu*, ou comment bouger en situation de combat réel. L'étude du thème de l'année est généralement plus technique et offre des particularités qui sont différentes d'une année à l'autre, suivant le thème choisi par Hatsumi *sensei*. Il est important pour une ceinture noire avancée d'étudier les principes enseignés par Hatsumi *sensei*. Mais comme *Sensei* le répète si souvent, il ne faut pas devenir prisonnier de la technique, il faut devenir la technique. On ne peut devenir la technique si les bases ne sont pas solides, si le mouvement n'est pas naturel et fluide.

Il ne faut pas photocopier le professeur qui fait la technique, mais bien développer sa propre conscience sur sa façon de se mouvoir. C'est ce qui nous permet de faire face à une technique que l'on a jamais vue ou à une attaque que l'on a jamais reçue en dojo. Une étude approfondie des techniques et du thème de l'année ne permettra jamais à un étudiant de développer pleinement ses habilités à bouger et à s'adapter à l'imprévu si ses bases ne sont pas prêtes à recevoir cet enseignement.

Le thème de l'année demeure important, car il nous enseigne une façon particulière de bouger au sein d'un cadre bien déterminé. Il nous enseigne le *feeling* et les particularités historiques et tactiques du *ryu*. Hatsumi *sensei* nous ouvre des portes sur des façons de faire que bien des styles d'arts martiaux n'oseraient même pas imaginer. Nous pouvons nous considérer chanceux d'avoir accès à ces connaissances.

Mais encore faut-il être prêt pour comprendre toute la portée de cet enseignement. Notre époque moderne a du bon. Les DVD, la facilité que nous offre notre époque pour aller au Japon fait en sorte que les étudiants auront toujours accès dans le futur à ce que *Sensei* nous enseigne aujourd'hui.

Gambatte kudasai

Comprendre le *Bujinkan* : un travail d'équipe

8 janvier 2007

Dans la plupart des arts martiaux, on n'a pas à se casser la tête. On nous sert les techniques sur un plateau d'argent. Tout ce qu'on a à faire est de refaire la technique telle qu'elle nous a été enseignée sans se poser de questions. Dans le *Bujinkan*, tout est différent. On doit essayer de comprendre la logique de chaque technique, la raison d'être de chaque mouvement.

Hatsumi *sensei* nous amène à une profondeur incroyable au sein des techniques. Il nous apprend que rien n'est jamais tout à fait comme il nous semble à première vue. Il nous entraîne dans des dimensions martiales que la plupart des autres arts martiaux ne soupçonnent même pas. Mais pour comprendre tout ce cheminement, il nous faut travailler beaucoup plus fort. Heureusement, au sein du *Bujinkan*, il y a plein de personnes qui partagent le fruit de leur quête. Ce matin, je regardais dans le forum de Grenoble et même Julien, un étudiant de *Bujinkan* Québec, y allait de sa participation à cet effort collectif.

La compréhension de notre art martial ne serait pas ce qu'elle est sans le travail de plusieurs personnes. On n'a qu'à penser au travail gigantesque qu'à fait Arnaud Cousergue pour nous rendre le *Tenchijin ryaku no maki* accessible par le Protek. Tout le travail qu'il fait d'année en année pour comprendre et nous faire partager le fruit de ses recherches. Un gars comme Richard Van Donk qui a fait traduire nombre d'ouvrage du japonais et qui nous permet d'avoir accès à ces traductions.

On ne peut également pas oublier le travail d'information qu'un gars comme Riad fait régulièrement sur les forums afin de nous donner le ton qu'Hatsumi *sensei* donne au cours régulier au Japon. On peut penser à tous les dojos qui nous offrent de l'information par le biais de sites Internet, de blogues et de vidéos que l'on peut trouver en faisant l'effort de chercher un peu. Et plus près de nous, on peut voir les efforts que font les ceintures noires du dojo *Bujinkan* Québec afin de collecter le plus d'informations possible.

On peut remercier tous les gens qui participent à cet effort collectif de la compréhension de notre art martial.

Naturellement, comme dans tout art martial, on peut faire les techniques sans chercher à comprendre quoi que ce soit. Mais nous avons la chance d'avoir un style d'une richesse sans précédent. Un héritage laissé par ceux qui ont marqué le passé du Japon. Nous serions idiots de ne pas en profiter.

Travail, travail

15 janvier 2007

Lorsque l'on regarde un groupe de personnes pratiquer les arts martiaux, il y en a toujours quelques-unes qui ressortent du groupe. On a tendance à penser tout de suite qu'ils sont plus doués, qu'ils possèdent plus de talent que les autres étudiants. En portant attention d'un peu plus près, on s'aperçoit qu'ils sont généralement dans la moyenne côté aptitude. La différence se fait à un autre niveau, le travail.

Lorsque vous demandez à un art martialiste ce qu'il désire apprendre sur un cours, il y a de fortes chances que la réponse soit orientée vers des techniques qu'il maîtrise déjà. En règle générale, il ira au plus facile pour lui, c'est à dire, là où il excelle déjà. Cependant, comme art martialiste, il est de notre responsabilité d'orienter nos efforts et notre entraînement, vers les techniques qui nous causent le plus de difficulté si on veut évoluer.

C'est la même chose lorsqu'on demande aux gens qui vont au Japon et qui s'entraînent avec différents *shihan*. Ils désignent presque toujours comme étant leur favori, celui qui est le plus proche de leur façon de bouger et de faire les techniques.

Lorsque je vais au Japon, je fais toujours des efforts pour aller m'entraîner, avec les *shihan* avec lesquels j'ai le moins d'affinité. J'en arrache un peu plus et cette façon de faire me fait toujours paraître moins bien que lorsque je fais les techniques que j'aime. Mais le but n'est pas de bien paraître, mais de combler mes lacunes, qui sont souvent les techniques que l'on aime le moins. Curieusement, lorsqu'on commence à bien maîtriser ces techniques, on finit toujours par les aimer.

La paresse dans les arts martiaux

Jack Hoban et Shawn Havens s'étaient présentés, il y a une bonne quinzaine d'années de ça, sur un séminaire avec un t-shirt où on pouvait lire : *Less talk more smash* (parler moins frapper plus). Curieusement, les gens ont cette tendance à parler davantage lorsque la technique n'est pas bien maîtrisée. Inconsciemment, il y a là une espérance de passer à une autre technique.

Le *Bujinkan* n'est pas sévère avec ses étudiants. Il nous considère comme des adultes ayant assez de maturité pour savoir par nous même que si nous parlons sur les cours, que si nous allons dix fois aux toilettes ou boire de l'eau, que c'est notre temps d'entraînement qui en pâtît. Il nous laisse la même latitude face à notre entraînement en sachant que nous récolterons ce que nous sèmerons.

Alors la prochaine fois que vous verrez quelqu'un bien faire une technique, dites-vous qu'il y a probablement beaucoup de travail pour arriver à ce résultat, que ce n'est pas nécessairement un virtuose du *ninjutsu*.

Mémoriser ou pratiquer

23 janvier 2007

Doit-on mémoriser toutes les techniques ? Cette question, avec raison, revient souvent chez les étudiants de *Bujinkan* Québec. Notre style est d'une richesse incomparable. Sa grande diversité qui est en grande partie due à sa composition de 9 *ryu*, en fait un des styles d'arts martiaux qui contient le plus de techniques. Mais malgré ce grand nombre de techniques, il y a une pierre angulaire qui est le *taijutsu*. Ça sous-entend notre façon de bouger, notre habilité à choisir la bonne direction au bon moment. Ça inclut l'obligation de comprendre notre corps afin d'en tirer son maximum en fonction de notre agilité, de notre fluidité, de notre force musculaire, de notre âge et de notre capacité à s'adapter.

Notre art martial ne repose pas sur la mémorisation systématique de toutes les techniques. Bien entendu, il y a un minimum à connaître. Les clés de base, les *kihon happo*, les *sanshin* et quelques autres techniques. Mais de là à mémoriser tous les noms des *kata*, à moins d'avoir une excellente mémoire qui ne nécessite pas d'efforts de mémorisation, il vaut mieux mettre l'effort dans le mouvement et la compréhension des techniques, que dans leurs mémorisations.

Personnellement, étant 6e dan de kempo, j'ai arrêté cet art martial, car même si je mémorisais un nombre impressionnant de *kata*, de techniques et de diverses clés et projection, je n'étais pas meilleur pour autant. Le cumulatif de ma mémoire n'était pas représentatif de mon habilité martiale. Il faut différencier collectionneur de techniques et art martialiste. Naturellement, comme professeur, l'obligation de connaître les techniques est là. Mais au lieu de mémoriser le tout, on peut référer à nos notes.

En situation réelle, mémoriser les noms des techniques et les techniques elles-mêmes peut se révéler extrêmement dangereux. Mémoriser une technique développe le réflexe de référer à la technique elle-même lorsque vient le temps de réagir. En situation de stress, si c'est cet instinct de mémorisation qui a été développé, il y a de fortes chances que le subconscient continue ce pour quoi il a été entraîné, soit de chercher à identifier la technique à faire. L'être humain a le talent de réagir facilement à des automatismes programmés, qu'ils soient bons ou mauvais. Pour ceux qui ont eu à affronter des situations dangereuses qui se sont déroulées souvent en quelques secondes, il n'y a généralement pas de place pour l'intellect et la réflexion.

Lors d'une attaque réelle, il n'y a plus de place à la réflexion intellectuelle. C'est le temps de réagir et non de réfléchir. Il est évident qu'il est nécessaire de connaître le matériel de base nécessaire à façonner les techniques que nous utiliserons en situation réelle. Le but de connaître les noms des techniques de base est de sauver du temps lors de l'entraînement en dojo. S'il fallait réexpliquer un *onikudaki* à chaque fois que l'on en utilise un, ça serait une incroyable perte de temps.

Il est important de voir toutes les techniques d'un *ryu*. Ça nous permet de comprendre et d'améliorer notre système de défense. Ça nous permet de comprendre le bagage martial que l'on possède déjà. Mais une fois que la technique a été assimilée et bien rendue, on peut voir les techniques dans leur individualité. Le corps lui devrait se souvenir de ce dont il a besoin pour réagir en situation réelle. Le corps puisera au sein des techniques ce dont il a besoin pour devenir un meilleur guerrier. C'est probablement pour cette raison qu'Hatsumi *sensei* nous dit depuis des années qu'un art martial ça ne se mémorise pas, ça se vit. Ce n'est peut-être pas un hasard si les *shihan* japonais sont régulièrement obligés de consulter leurs notes de cours avant de faire un *kata*.

Bref, en réponse aux étudiants qui me posent régulièrement ce type de question, non on n'a pas besoin de mémoriser toutes les techniques, oui il faut mémoriser un certain matériel de base.

L'importance de la fluidité dans les déplacements

31 janvier 2007

Beaucoup d'arts martiaux confondent souplesse et fluidité. La souplesse (grand écart) n'est pas une nécessité dans les arts martiaux. Forcer ses jambes à faire le grand écart entraîne, chez la plupart des Occidentaux, une déviation du bas de la colonne vertébrale et des maux de dos pour le futur ! Lever les jambes très hautes est un excellent moyen d'obtenir plus de points lors d'une compétition sportive. Dans la rue...

La fluidité de mouvements est un excellent moyen de développer sa vitesse sans créer de stress musculaire. Comme il est essentiel d'être détendu et relaxé pour réussir des mouvements fluides, on gagne en réaction, sans dépenser d'énergie supplémentaire. Il ne faut pas oublier que, dans un combat réel, on a rarement le temps de réchauffer ses muscles. De plus, lorsque le poids des années commence à se faire sentir, c'est là que l'on constate davantage l'importance de la fluidité.

Dès que nos muscles sont tendus, l'information récoltée par notre épiderme, nos muscles, le positionnement de nos membres dans l'espace, le contact physique de l'adversaire, toute cette information ne passe pas aussi bien. Apprendre à être fluide dans sa façon de bouger, donc à rester détendu, nous amène à développer cette source d'information primordiale qu'est le sens du toucher.

Développer sa fluidité

Une première étape dans un déplacement fluide consiste à apprendre à marcher. On doit apprendre à gérer ses transferts de poids, à bien utiliser l'axe vertical du corps dans nos déplacements, à apprivoiser ces articulations que sont les coudes et les genoux. Il faut apprendre à identifier ce qu'est une tension musculaire. La plupart des gens ne réalisent même pas que leurs muscles sont tendus, tellement cela est devenu habituel de vivre avec ces tensions.

Un exercice simple pour développer et prendre conscience de la fluidité consiste à comparer deux types de réponses. Lorsqu'on reçoit une attaque, on tente de faire un bloc façon karaté : on remarque alors la vitesse et l'effort que doit faire notre bras pour bloquer. On reçoit ensuite une attaque en se déplaçant et en allant déposer notre main sur le bras attaquant et en redirigeant ce bras. Faites maintenant l'analyse des deux méthodes. Laquelle amène un stress musculaire et psychologique ? Laquelle nous permet d'enchaîner le plus facilement avec un contrôle de l'adversaire ?

La fluidité nous amène à adopter une meilleure constante dans le rythme de nos déplacements, nos techniques de frappe ou nos techniques de blocage. La fluidité nous permet une connexion plus forte sur les émotions de notre adversaire. Elle s'accompagne généralement d'un abaissement du centre de gravité, nous assurant ainsi une meilleure stabilité. Alors, cessons de confondre souplesse et fluidité.

Nos quatre aspects

12 février 2007

Les prochains blogues ont pour but de compléter un peu ce qui est déjà écrit quelque part sur le site de Buninkan Québec concernant nos quatre aspects, selon les mandalas tibétains. On parle ici de notre personnalité en tant qu'étudiant, professeur, créateur et exécutant.

Notre première responsabilité en tant qu'art martialiste est d'apprendre. Chaque personne a un aspect étudiant en lui. L'étudiant qui est en nous a le devoir de l'apprentissage, d'essayer de maîtriser ce que ses professeurs lui enseignent. Il doit pouvoir se discipliner à se rendre aux cours même si le cœur n'y est pas toujours. Il doit nous donner le goût d'acquérir de nouvelles connaissances, la soif de découvertes. Maître Masaaki Hatsumi disait « Le jour où quelqu'un arrête d'apprendre, il est mort. » Beaucoup de gens ne sont plus vivants, mais ils ne le savent pas. On ne parle pas ici de mort physique, mais d'une stagnation où on a cessé de prendre part à l'évolution de notre être, on ne fait qu'exister.

Stephen K. Hayes me disait un jour, si tu veux apprendre, tiens-toi avec des personnes qui « vibrent » plus haut que toi. De nos jours les étudiants de *ninjutsu* sont chanceux. Ils ont accès à une multitude de séminaires donnés par des *shihan* de qualité qui viennent à eux. L'accès au Japon n'aura jamais été aussi facile. Il y a plein de professeurs de qualité à moins de 200 kilomètres de chez eux. Il est maintenant plus facile d'avoir accès à ces personnes qui « vibrent » plus haut.

Notre aspect étudiant doit nous amener à prendre le maximum de nouvelles connaissances possible, de façon neutre, sans aucune discrimination possible. Le tri des informations pourra se faire plus tard. En résumé, l'étudiant qui est en chacun de nous a la responsabilité de tout l'apprentissage dont il est capable. Il est la soif d'apprendre. L'ennui, c'est qu'il a souvent tendance à vouloir acquérir plus de connaissances qu'il n'est capable d'assimiler.

L'étudiant, a jusqu'à un certain point la responsabilité de ses relations avec les autres arts martialistes. Les ceintures noires ont souvent tendance à vouloir montrer leurs compétences plus tôt que d'écouter humblement ce que les autres ceintures noires ont à dire. On a qu'à regarder dans tous les styles d'arts martiaux le nombre de ceintures noires qui ne participent pas à un cours donné par un collègue de même niveau. Celui qui a un aspect étudiant développé échange volontiers avec les autres, en prenant conscience que même s'il connaît les mêmes choses que la personne avec laquelle il discute, elle peut lui apporter un point de vue qu'il n'avait jamais réalisé, une vision d'un angle différent et qui lui permettra d'évoluer.

On reconnaît souvent le bon étudiant à sa soif discrète ou exubérante d'apprendre, à sa patience et à son assiduité en dojo. Il laissera rarement tomber l'entraînement au profit de festivité entre amis. L'étudiant a pour devoir de se botter le derrière afin d'aller chercher la connaissance où elle se trouve. La personne à l'aspect étudiant faible trouvera toutes les excuses possibles. « Je ne peux suivre de cours je n'ai pas d'argent. » Ceci n'est pas toujours une excuse, mais un choix. La cigarette ou les bars sont plus attrayants et l'argent n'est pas au rendez-vous pour les deux activités. J'ai un grand nombre d'étudiants qui cumulent deux emplois pour pouvoir se payer des cours et des séminaires. Ils ont fait ce choix. Lorsque viendra le temps de choisir entre le prix de quelques bières entre amis et un cours qui les intéressent, notre aspect étudiant prendra sa décision en connaissance de cause. Peut-être choisira-t-il d'aller prendre une bière, mais l'art martialiste qui a l'aspect étudiant développé, ne se plaindra pas de son manque d'argent. Il a fait un choix, il est conscient.

Notre aspect étudiant est notre soif d'apprendre. C'est cet aspect qui va nous permettre de briser les distances. Les deux premières années de mon entraînement en *ninjutsu*, je devais faire 450 km pour aller et 450 km pour revenir pour aller voir mon professeur. Je faisais ce voyage deux fois par mois. Je peux vous dire que je ne suis pas le seul dans cette situation, loin de là. Il est étonnant de voir ce que certains font comme effort.

Les quatre aspects sont omniprésents dans notre vie, mais à des degrés moindres. Si l'aspect étudiant était présent en force chez chaque personne, il n'y aurait pas tant d'abandon ou d'échec dans les études. Il faut travailler à développer cet aspect de notre personnalité. Il faut apprendre à apprendre, cela demande une discipline et ce n'est pas tout le monde qui a le courage de se discipliner.

On est loin de l'époque où l'étudiant vivait en ermite quelques mois dans une grotte et en ressortait avec le titre de maître. De nos jours l'accès aux grottes est plus difficile, mais l'accès aux professeurs est de loin plus facile qu'à une certaine époque.

Il y a une expression très jolie en japonais qui encourage à développer cet aspect étudiant :

Gambatte kudasai

Le professeur
(je pense donc je choisis)

19 février 2007

Dans la continuité de l'étude des mandalas tibétains expliquant nos quatre aspects, nous aborderons cette semaine notre aspect professeur. Cette facette de nous-mêmes a la responsabilité de veiller non seulement à la qualité de l'enseignement que nous dispensons, mais également de celle que recevons.

On ne parlera pas ici des connaissances que l'on transmet à autrui, mais de notre capacité de digérer, d'analyser et d'interpréter l'information que nous recevons ou que nous possédons déjà. Notre aspect professeur a la responsabilité de comprendre les techniques afin d'éviter la robotisation mécanique de l'art. Notre aspect professeur doit veiller à corriger toute la technique que notre aspect étudiant accumule. Il a la responsabilité de la compréhension globale des techniques, ainsi que de la façon dont les techniques peuvent être adaptées pour notre corps.

Le pratiquant qui n'a pas son aspect professeur développé aura des problèmes à voir et à comprendre ce qui fait qu'une technique est réaliste ou pas. Il regardera la technique faite par le maître, sera capable de reproduire une forme similaire, mais si l'aspect professeur est absent, il ne pourra pas adapter parfaitement la technique à son corps ou à celui de ses étudiants. Notre aspect professeur a la tâche de voir et de comprendre les mécanismes et les principes régissant le *kata* que le maître a enseigné. Cette compréhension lui permet d'appliquer le nouvel apprentissage aux techniques déjà existantes.

C'est également l'aspect professeur qui permet de comprendre et de voir le fil conducteur qu'un maître comme Hatsumi *sensei* tisse au gré des techniques. *Sensei* peut en effet faire en peu de temps un nombre impressionnant de variations sur une technique. La personne dont l'aspect professeur ne serait pas développé verra ces techniques comme des unités indépendantes l'une de l'autre. Il ne sera pas apte à voir le fil conducteur qui relie et qui donne tout son sens à cette avalanche de techniques.

Beaucoup d'arts martialistes s'amusent à créer des techniques. Si l'aspect professeur est absent, on pourra assister à la naissance de techniques qui seront peu efficaces et souvent même dangereuses à utiliser en situation réelle. Notre aspect professeur est là pour nous faire comprendre le côté réaliste de la technique. Il nous permet de comprendre si une technique est réalisable et à quel moment dans un combat on peut l'utiliser.

Le professeur est celui qui a la maturité. Il a la responsabilité du bon fonctionnement du corps physique du pratiquant. Il veille à une saine alimentation, à un mode de vie qui favorise le plein épanouissement de l'être. Il est responsable de maintenir un bon équilibre psychologique et émotionnel. Une partie de son travail consiste à voir si l'entraînement qu'il fait est réaliste pour sa capacité physique. Si cet entraînement n'amène pas à long terme des séquelles irréparables. De nos jours peu d'arts martiaux laissent des bleus, mais beaucoup laissent des séquelles à long terme.

Celui qui a un bon aspect professeur est capable de découvrir les facettes cachées des *kata* ou des techniques que nous ont léguées les vieux maîtres. Il a la capacité de lire entre les lignes. Attention de ne pas confondre le vrai professeur de celui qui ne fait que photocopier ce qu'il a appris sans comprendre toute la richesse de ce qu'il a entre les mains. Celui qui enseigne sans avoir développé son aspect professeur ne fait qu'amener l'étudiant à imiter ses techniques. On revient à la vieille histoire de la dame qui coupait son jambon en deux pour le faire cuire. Quand on lui demandait pourquoi elle le coupait en deux, elle répondait qu'elle avait toujours vu sa mère faire de la sorte. La mère elle-même donnait la même réponse croyant ajouter ainsi du goût au met lors de la cuisson. Lorsque l'on posa la même question à la grand-mère, elle répondit simplement que lorsqu'elle était jeune, son chaudron était trop petit pour faire cuire le jambon en entier et que c'est pour cette raison qu'elle devait le couper en deux. Elle avait continué à le couper en deux par habitude et avait transmis ses habitudes à sa descendance.

L'aspect professeur nous permet d'évoluer sainement en développant sa propre personnalité martiale. C'est quelque chose qui ne s'apprend pas dans les livres. Nous avons la chance qu'Hatsumi *sensei* nous offre une très grande liberté dans notre évolution. Il nous exhorte à développer notre aspect professeur en nous disant constamment de ne pas rester prisonniers de la technique, mais de devenir la technique. De ce fait, il nous offre les ingrédients nécessaires afin de développer notre aspect professeur au maximum.

L'exécutant

26 février 2007

Une compréhension intellectuelle des techniques n'est pas suffisante pour assurer notre protection dans la réalité de la rue. Notre fonction exécutant est celle qui met en pratique toute l'information accumulée. Son efficacité est directement liée aux autres aspects. L'exécutant est celui qui pourra performer aussi bien en compétition que dans la rue. Il est également celui qui, à l'occasion, pourra activer les autres aspects par son insatisfaction, sa soif de s'améliorer si cet aspect est suffisamment développé.

Son efficacité est directement liée à l'entraînement du corps. Avec l'aspect professeur, il sera chargé du bon fonctionnement du corps physique. C'est également lui qui pourra, par exemple, effectuer avec précision et efficacité un point de pression exigeant force et précision. Il a le devoir d'essayer de développer une dextérité qui soit digne d'un chirurgien. Le bon exécutant est celui qui donnera suffisamment de confiance à l'art martialiste, que cette confiance impressionnera l'adversaire au point qu'il n'ait plus envie de se battre.

Qui dit bon exécutant dit bons automatismes. Pour être apte à réagir rapidement en situation réelle, il faut comprendre le processus du temps de réaction. Lorsqu'une personne donne un coup de poing, il en est déjà rendu à l'action motrice. Dans un premier temps, on voit le coup qui arrive. Le message part des yeux, se transmet par le nerf optique et va au cerveau. Le cerveau constate l'attaque et réagit plus ou moins rapidement selon son expérience face à ce type d'agression. Après avoir constaté qu'il y a une attaque et un risque de blessures, le cerveau doit ensuite élaborer une stratégie de défense. Il analyse plusieurs stratégies de défense possible. Une fois la bonne stratégie choisie, il envoie l'information aux muscles en passant le message par les nerfs (450 pieds/seconde). Les muscles réagissent selon la stratégie élaborée, doit de se tasser, soit de bloquer, etc. Donc l'agresseur a déjà une bonne longueur d'avance puisqu'il en est rendu à l'action motrice et que nous n'en sommes encore qu'à l'élaboration de la stratégie. Là où on peut gagner du temps, temps qui peut faire la différence entre une victoire et une défaite, c'est dans l'automatisme développé pour ce genre d'attaque. Si on saute l'analyse de la stratégie pour aller directement à l'action motrice, on peut avoir le temps de bloquer une attaque-surprise.

Mais l'automatisme n'est pas tout. Il faut apprendre à développer son instinct sans avoir à constamment passer par l'intellect. Pour arriver à ce résultat, il faut entraîner notre corps à réagir et non notre intellect. Il faut apprendre à bien bouger et c'est là que nous pouvons nous compter chanceux, car nous avons un des meilleurs styles d'art martiaux pour développer cet instinct du mouvement juste. Nous avons trop de techniques pour créer des automatismes sur tous les mouvements. Mais, pour compenser cette surabondance de techniques, nous disposons de techniques comme les *sanshin kata* et les *kihon happo*. Ces deux ensembles de techniques développent l'instinct du combat à de très hauts niveaux. Les vieux maîtres nous ont légués des outils extraordinaires avec ces techniques. Il nous appartient d'apprendre à bien les utiliser.

Les *sanshin* nous enseignent un bon contrôle de l'intellect, des émotions et du corps. Cet équilibre est nécessaire dans un combat en situation réelle. Si vous pensez trop, vous pourrez être facilement pris de vitesse ou désorientez si tout ne se passe pas comme prévu. Si le contrôle des émotions vous échappe, vous créez des failles que peut exploiter facilement votre adversaire. Si vous pensez qu'une montée d'adrénaline est synonyme de victoire, vous êtes un rêveur qui risque de désenchanter rapidement en situation réelle. Si vous ne maîtrisez pas bien les déplacements de votre corps, un léger déséquilibre de votre part pourra faire la différence entre la victoire et les blessures de natures plus graves. Un manque de fluidité vous retardera dans votre esquive. Une trop grande rigidité fera en sorte que vous sentirez davantage les frappes en onde de choc.

Bref, être un bon exécutant demande du temps et de la persévérance.

L'aspect créateur

5 mars 2007

Le dernier aspect sur lequel les mandalas tibétains nous sensibilisent concerne notre personnalité créatrice. Après un certain temps, la plupart des pratiquants d'arts martiaux se laissent guider par une vision plus personnelle de l'art martial. Ils ressentent le besoin d'adapter l'art à leur corps. Plutôt que de laisser travailler l'exécutant qui est en chacun de nous, certains préfèrent adapter les techniques à leurs visions des choses.

Sans cet aspect créateur, peu d'arts martiaux auraient vu le jour. C'est sous cette impulsion reliée à des besoins spécifiques que sont nés la plupart des arts martiaux. La créativité est une qualité essentielle pour accéder à la maîtrise des arts martiaux. Il faut cependant que cette créativité se fasse sous la supervision des autres aspects.

Il n'est pas rare de voir des professeurs enseigner de nouvelles techniques de défense contre couteau, créées sous l'impulsion du moment. Malheureusement, dans bien des cas, ces techniques représentent de graves dangers pour celui qui l'utilise. L'innovation est là, la créativité est au rendez-vous, mais l'aspect professeur ayant manqué de sévérité, la technique n'est pas réaliste en situation réelle. Chaque nouvelle création martiale doit se faire sous la supervision de l'aspect professeur. Le créateur fait généralement un mixte des techniques accumulées par l'aspect étudiant. L'exécutant réussit à donner une impression de cohérence au tout. Mais c'est à l'aspect professeur qu'il appartient de déceler les points faibles et les incohérences de la nouvelle technique.

Il est de plus en plus fréquent de voir des gens créer de nouveaux styles d'arts martiaux. Dans le lot, il y en a d'excellents et il y en a qui sont totalement inacceptable. Malheureusement, les nouveaux venus dans les arts martiaux ne sont pas toujours prêts à voir les incongruités de ces créations.

Créer est un excellent exercice pour un art martialiste. Il oblige à adapter des techniques à des situations qui sont spécifiques. Ils permettent à l'art martialiste de dépasser les limites de ce qu'il a appris en dojo. Mais il faut toujours surveiller la création qui a vu le jour. Il faut toujours essayer de trouver les points faibles et les points forts de chacune des nouvelles techniques.

Il est également fréquent de voir des gens qui revendiquent la création d'un nouveau mouvement alors qu'il est utilisé dans plusieurs arts martiaux qu'ils ne connaissent pas. Il faut accepter le fait que durant des centaines d'années, des gens ont eu besoin des arts martiaux pour survivre, ils ont utilisés et créés à peu près tout ce qui pouvait se faire en situation réelle. Et, généralement, les techniques qui sont demeurées le sont parce qu'elles permettaient de survivre.

On reconnaît un maître d'arts martiaux dans son exécution, mais également dans la qualité de ses créations. Nous avons la chance d'avoir un maître comme Hatsumi *sensei* qui est dans une phase créative extraordinaire. La plupart de ses nouvelles créations sont d'une efficacité incroyable et souvent, d'une simplicité tout aussi extraordinaire.

Alors oui, créons de nouvelles techniques si le cœur nous en dit, mais pas n'importe laquelle et n'importe comment.

E-scroll

13 mars 2007

Nous vivons à une époque merveilleuse. Nous avons une chance inouïe que n'ont pas eue les grands maîtres qui ont créé les styles d'arts martiaux que nous connaissons aujourd'hui. Peu importe le style d'arts martiaux que vous allez nommer, vous trouverez des vidéos, des articles, brefs, toute une gamme d'information sur ces arts. De nos jours, on peut acheter ou trouver sur Internet, bon nombre de démos ou même des cours complets sur à peu près tous les arts martiaux qui existent. Tous les secrets des grands maîtres y sont révélés selon plusieurs publicités. Peut-on penser que c'est la réalité ?

Que ce serait-il passé si Ueshiba, Takamatsu *sensei* ou Musashi Myamoto avaient eu accès à ces vidéos ? Imaginons que Musashi Myamoto aurait pu visionner plusieurs vidéos de techniques de sabre. Il aurait étudié chaque technique, copié chaque mouvement, adapté chaque déplacement. La question que l'on peut se poser est simple. Suite à l'étude de ces vidéos, est-ce que Musashi aurait été aussi bon qu'il l'était à son époque ?

Il a créé un style en fonction de ses besoins, de son corps et de ses émotions. Est-ce que cet accès à ces connaissances l'aurait rendu meilleur sabreur ? Personne ne peut le dire. Un art martial, une technique, est quelque chose qui se vit et que l'on doit ressentir. Le fait de voir sur un écran une technique, peut-il nous la faire ressentir de la même manière ?

Nous avons la chance d'avoir une multitude de vidéos dans le *Bujinkan*. Ces vidéos sont généralement un bon outil comme aide-mémoire pour ceux qui vont régulièrement au Japon. La technique ressentie auprès d'un professeur et la même technique vue sur un écran n'ont pas le même impact. Une fois qu'elle a été ressentie, la vidéo permet d'apporter maint correctif à la technique. Mais qu'en est-il si on voit la technique sur la vidéo sans l'avantage du professeur ?

Dans les premières années où les cours étaient filmés, Hatumi *sensei* lançait des phrases comme : la caméra ne peut bien voir les techniques, elle n'a qu'un seul œil, alors que vous en avez deux. Était-ce de l'humour ou y avait-il vraiment un message ? Les vidéos sont loin d'être inutiles. Il est difficile d'aller à tous les séminaires. Les vidéos deviennent alors un outil intéressant pour aller chercher les connaissances dispensées lors de ces séminaires.

Les anciens tentaient de décrire, du mieux possible sur un parchemin, les techniques si durement acquises auprès de leurs professeurs. Ils enrichissaient les données avec l'ajout de nouvelles techniques. Comme chaque description pouvait se révéler difficile à mettre sur le parchemin, seules les techniques essentielles avaient probablement ce privilège. Aujourd'hui, on peut tout mettre sur vidéo. Nous sommes inondés par l'information. Il est de notre responsabilité d'apprendre à gérer toute cette information et d'en tirer le meilleur parti possible. Sur les *scrolls* ancestraux, si des erreurs étaient écrites, c'était le plus souvent dans le but de fausser les connaissances d'une personne qui aurait eu accès illégalement à ces descriptions. La vidéo ne fait pas de discernement. S'il y a une erreur dans une technique, cette erreur peut devenir un standard que tout le monde va pratiquer. Plus que jamais notre aspect professeur se doit d'être sévère envers notre aspect créateur si on ne veut pas léguer nos erreurs. Il devient alors essentiel de comprendre ce que l'on fait si on veut l'utiliser en situation réelle.

Alors, je repose la question : si Musashi Myamoto avait eu accès à tous les vidéos qui existent sur le sabre, aurait-il été meilleur ?

De perception en perception

22 juillet 2007

La beauté de l'enseignement d'Hatsumi *sensei* réside dans le fait qu'elle n'est pas linéaire. *Soke* nous transmet son savoir de plusieurs façons. Tous, selon le niveau où nous sommes rendus, y trouvons matière à apprendre.

Le premier niveau de son enseignement est le niveau mécanique. On voit une jambe avancer, un bras se lever pour bloquer, une main saisir le poignet de l'attaquant et voilà, le tour est joué. Pour la plupart des gens, refaire la chorégraphie telle que l'a fait *Soke* est déjà un très bon point de départ.

Ce mode de transmission de la connaissance est présent dans tous les styles d'arts martiaux. C'est le plus basique et le plus accessible pour beaucoup de gens. À ce niveau, les étudiants sont rassurés de pouvoir réussir à faire la technique. La majorité des pratiquants d'arts martiaux occidentaux ont besoin de cette zone de sécurité rassurante.

À un autre niveau, au travers de ces mêmes techniques, Hatsumi *sensei* nous enseigne des principes de base. Travailler les déséquilibres, apprendre comment rediriger une attaque, comment maximiser les angles lors d'un combat ne constituent seulement que quelques-uns de ces principes. À ce stade de l'enseignement, l'étudiant doit commencer à faire un effort de compréhension, afin de bien saisir l'essence de la technique. Ce stade d'apprentissage dépasse un peu le niveau de débutant. Mais pour être efficace à ce stade de l'enseignement, la mécanique de base doit être bonne.

Vient ensuite tout ce qui concerne les déplacements. *Sensei* se déplace dans toutes les directions, incluant les axes verticaux si souvent délaissés par les autres arts martiaux. Il nous enseigne la fluidité, l'utilisation adéquate de notre colonne vertébrale, la façon d'aligner nos os afin d'obtenir le maximum de performance de notre corps. Je devrais plutôt dire afin d'être capable de continuer à faire des arts martiaux lorsque l'on atteint la soixantaine. Mais cet enseignement, il ne le dit pas, il le démontre. Lorsqu'il y fait allusion, il utilise souvent des images, des allégories qui ont tendance à souvent passer inaperçues. À ce stade de l'enseignement, trop de pratiquants pensent qu'ils ont compris et qu'ils maîtrisent bien cette partie de l'enseignement.

Ce serait trop simple que *Soke* se limite à ces niveaux d'enseignement. Depuis quelques années, il inclut dans son enseignement ce qui fait de nous des individus distincts, de la psychologie. Une pensée psychologique pouvant influencer un adversaire plus fort et plus rapide que nous. Un combat n'est jamais que physique. La victoire d'une bataille passe très souvent par la volonté de vaincre. Pour jouer sur cet aspect psychologique, l'esprit ne doit pas être encombré par un corps qui bouge mal. Les émotions, le corps et l'intellect doivent former un *sanshin*, afin d'utiliser cet aspect adéquatement.

À un niveau plus élevé, Hatsumi *sensei* démontre, mais n'approfondit pas les explications de plusieurs de ses techniques. Cette façon d'enseigner que l'on nomme *okuden* en japonais, est celle qui, traditionnellement, unissait certains élèves au maître. Le maître avait plusieurs étudiants, mais seuls certains d'entre eux étaient destinés à détenir tout son savoir. En enseignant de cette façon, tous les étudiants ont l'impression d'être égaux face au maître. Mais la réalité est tout autre. Le maître s'assure ainsi de la transmission de tout son savoir et surtout de la compréhension de cette transmission par un minimum de personne.

Souvent, il donne des clés de ces connaissances en utilisant divers homonymes pour la même technique. Souvent, il utilise des paradoxes pour mettre en évidence certains principes. Parfois, il exagère une façon de faire pour camoufler cet enseignement caché, en sachant pertinemment bien que la plupart des gens vont copier sa gestuelle. Parfois il se trahit d'un petit sourire en coin, parfois il fait la technique avec un visage de quelqu'un qui lève 300 kilos alors qu'en portant attention, on voit bien que son corps ne cadre pas du tout avec l'émotion qu'il projette.

À ce stade, beaucoup de gens sont perdus. Mais heureusement, ils ne le savent pas. Ils continuent à penser qu'ils sont performants et qu'ils ont atteint un niveau de maîtrise que peu de gens peuvent comprendre. À ce stade du cheminement martial, un niveau de stagnation se fait sentir. Pour compenser, on peut collectionner des techniques, de cette façon on peut avoir l'impression que l'on évolue. À ce stade également, beaucoup de gens penseront avoir atteint le maximum que peut offrir le *Bujinkan* et abandonneront les arts martiaux. C'est souvent là que plusieurs créent leur propre style d'arts martiaux, car ils se croient au maximum de la connaissance martiale.

Comprendre Hatsumi *sensei* est un exercice de tous les jours. Il n'y a pas de place à la paresse. La calligraphie de *sensei* se lit *Katte kabuto no o shimeyo,* ce qui signifie : «Attachez solidement votre casque, même après une victoire» ou si vous préférez : «Il ne faut pas s'asseoir sur ses lauriers».

Comprendre Hatsumi *sensei*

3 octobre 2007

De nos jours, il y a très peu de gens qui ont atteint le stade de la maîtrise dans les arts martiaux. Sur la planète, on peut probablement compter sur le bout des doigts d'une main, le nombre de maîtres d'arts martiaux étant accessibles pour les pratiquants.

Dans le *Bujinkan* nous avons la chance d'avoir Hatsumi *sensei*. Sa compréhension martiale est tellement loin au-dessus de tout ce que nous connaissons, que pour comprendre son enseignement, nous devons changer notre mode de pensée habituel.

Maître Hatsumi nous enseigne depuis des années à ne pas être prisonniers de la technique. Ça peut sembler paradoxal de dire qu'il ne faut pas faire de technique, mais de devenir la technique. La plupart des professeurs occidentaux sont devenus des collectionneurs de techniques et perçoivent l'enseignement de Maître Hatsumi par le filtre de ces techniques.

Il y a quelques années lors d'un *daikomyosai*, Maître Hatsumi m'a fait réaliser que moi-même et les quelques centaines de personnes présentes sur le stage de formation n'avions pas le bon état d'esprit pour comprendre l'enseignement qu'il nous prodiguait. *Sensei* démontrait des techniques de combat en utilisant les *shuko,* ces fameuses griffes *ninja*. À un moment donné, il a arrêté tout le monde en disant qu'on ne portait pas attention aux petits détails, qu'on regardait ce qu'il démontrait, mais qu'on ne voyait pas la réalité des choses. Il nous a fait remarquer qu'il portait les *shuko* d'une façon différente, la pointe des griffes orientées vers le bout des doigts, à l'opposé de ce qu'il se fait habituellement.

Notre subconscient emmagasine un nombre incroyable d'informations. Techniquement, les shuko se portent les pointes en direction du poignet. Comme c'est une convention acquise pour notre subconscient, en aucun cas nous n'avons remis en questions cette information.

Hatsumi *sensei* nous dit d'oublier la technique pour la même raison. Chaque année il se sert d'un *ryu* comme thème. Au sein de ces *ryu*, il y a un nombre assez élevé de techniques qui sont la mémoire de ces écoles. Pour comprendre l'école, on a tendance à décortiquer chaque technique et à apprendre par cœur la technique afin d'espérer la mémoriser. Cette façon de faire est excellente si on travaille à collectionner des techniques. Mais c'est le meilleur moyen de perdre l'enseignement que nous donne Hatsumi *sensei*.

Lorsque *sensei* utilise une technique comme canevas de base, il glisse à l'intérieur de la technique un nombre incroyable d'informations, de variations et de nouveaux principes. Il est humain et naturel de puiser dans nos souvenirs inconscients et de projeter ces souvenirs pour valoriser des faits. Inconsciemment, lorsqu'il fait une technique, on est porté à voir la technique de son point de départ à son point d'arrivée afin de valider la véracité de notre technique. Cette connaissance robotisée de la technique nous empêche de voir les variations, l'enseignement plus subtil qui s'est glissé au sein de la technique. Notre subconscient est en mode validation et non en mode d'absorption de nouvelles idées. De ce fait, les gens qui observent la démonstration vont refaire dans les grandes lignes la technique en fonction de leur propre interprétation, interprétation qui est basée sur le souvenir et la maîtrise de cette technique. Ils projettent inconsciemment leur vision de la technique à travers la technique démontrée par *Sensei*, perdant ainsi l'essentiel de ce qu'a voulu enseigner Maître Hatsumi. Dans ce mode d'enseignement, la technique est sans importance. Elle n'est qu'un support permettant de déposer les nouvelles connaissances que veut nous faire partager *Sensei*.

Si vous demandez à un *shihan* japonais de vous faire tel ou tel *kata*, il ira immanquablement référer à ses notes. Ils ne connaissent pas par cœur les *kata*. Ils ont compris que cette compréhension intellectuelle est une barrière de taille à leur apprentissage. Est-ce qu'ils sont moins bons pour autant ? Est-ce qu'ils sont moins bons parce qu'ils ne connaissent pas les noms des *kata* par cœur ? Depuis trois ans les *shihan* japonais se sont améliorés de façon exponentielle. Ils ont davantage délaissé la technique afin d'être perméables au maximum à l'enseignement d'Hatsumi *sensei*.

Pour ceux qui ont vu le film Opération dragon avec Bruce Lee, l'image du verre d'eau qu'il vide pourra vous revenir en tête. C'est un peu le même principe à appliquer pour comprendre Hatsumi *sensei*. Il faut faire le vide de ses préjugés, de sa façon de percevoir la technique afin de recevoir du nouveau matériel.

Nous avons tout notre temps pour apprendre les *kata* par cœur. Les vidéos, les livres sont là pour nous donner accès à tous ces *kata*. L'important pour le moment n'est pas d'aller puiser les connaissances dans ce qui sera là dans les années à venir, mais d'apprendre et d'aller chercher les connaissances qu'Hatsumi *sensei* veut nous léguer.

Nous avons la chance d'avoir une personne généreuse, qui donne sans retenue. Beaucoup de gens trouvent qu'il est parfois difficile de comprendre ce qu'il veut nous enseigner. Il nous donne le moyen de le comprendre, ne pas rester prisonnier des techniques.

2006

Ne pas se décourager

10 juin 2006

Le «nin» de «*ninjutsu*» et de «*ninja*» se traduit par: «persévérance». Mais la persévérance n'est pas toujours facile. Que ce soit pour adopter de saines habitudes de vie, que ce soit pour résister à toutes sortes de tentation ou que ce soit pour faire face à au découragement dû à une situation difficile, la persévérance n'est jamais un acte facile à accomplir.

Dans les arts martiaux, toutes les raisons sont bonnes pour se décourager. Je ne me souviens de rien. J'ai de la difficulté avec mes roulades. Je ne me trouve pas bon face aux autres étudiants. Il me semble que tous les autres réussissent mieux que moi. J'ai arrêté trop longtemps, mes anciens amis sont rendus loin au-dessus de moi. Et puis...

On ne devrait jamais se comparer aux autres à moins de vouloir comprendre la mécanique des choses. Qu'est-ce qui fait qu'il réussit tel mouvement aussi bien? Pourquoi sa clé semble plus efficace que la mienne? On devrait toujours faire des arts martiaux pour soi-même sans devoir ressentir le besoin de se comparer. Mais ce besoin fait partie de la nature humaine.

Lorsqu'on se compare aux autres, on ne regarde généralement que nos mauvais aspects et on effectue la comparaison avec le meilleur des autres. Ce n'est pas toujours la bonne façon de voir les choses. Chaque pratiquant d'arts martiaux a ses faiblesses, mais aussi ses forces. Oui il faut apprendre à voir nos faiblesses afin de les corriger, mais on doit également voir ses forces afin de constater ses améliorations.

Lorsque la comparaison est inévitable, il faut essayer de voir tous les éléments qui peuvent rendre cette comparaison réaliste. Si on se compare avec quelqu'un qui a 15 ans de plus jeune que nous, il y a de fortes chances pour que ses performances physiques (vitesse, force, etc.) soient supérieures aux nôtres. On doit alors compenser par plus de précision dans l'exécution de nos techniques. On doit également rechercher une plus grande compréhension de la mécanique nécessaire à l'exécution de la technique. Si l'élément comparatif n'a que ça à faire s'entraîner, il y a de fortes chances qu'il puisse progresser plus rapidement. Sans connaître ces faits, oui la comparaison peut amener le découragement et entraîner une dévalorisation de notre pratique martiale.

Les talents naturels
Il faut également accepter qu'il y ait des talents naturels, des virtuoses des arts martiaux. Ces personnes qui ont instantanément la technique en quelques minutes alors que vous essayez depuis des semaines de comprendre et d'effectuer correctement ce mouvement. Il faut comprendre que ces gens ont un talent inné pour cela et il faut alors éviter de se comparer à eux. Ils progresseront généralement plus vite que la majorité des gens à une vitesse qui cependant doit rester raisonnable, car l'expérience ne s'achète pas, elle s'acquiert.

Attention de ne pas se laisser décourager par les gens qui n'ont que l'apparence d'être bons. Ces gens qui parlent beaucoup, qui semblent déborder de confiance alors que vous, vous êtes toujours dans l'incertitude. Le plus souvent ces gens ont «photocopiés» la technique sans comprendre pourquoi elle fonctionne alors que vous avez besoin de comprendre la mécanique de la technique en question. Ces gens ont généralement plein d'erreurs dans leurs techniques, erreurs qu'ils vont généralement traîner des années. Votre obsession de la compréhension de la technique vous amènera probablement à corriger ces erreurs bien avant eux.

Il faut accepter le fait que tout le monde ne progresse pas à la même vitesse, et que la seule personne avec laquelle son doit se comparer est soi-même.

Étude des *kamae*

14 août 2006

Par plusieurs aspects, les *kamae* sont différents des « stances » ou des positions utilisées par la plupart des arts martiaux. Lorsque l'on apprend les *kamae*, la position est généralement la même pour tous les pratiquants. Plus l'étudiant avance dans notre art, plus son *kamae* devient personnalisé. Oui, il devient personnalisé, mais les idées et les principes que le *kamae* possède doivent toujours être présents. Alors qu'une position ou un « stance » est statique, dans la mesure où on prend une position prédéterminée pour un type d'attaque également prédéterminé. Ça devient donc quelque chose qui est robotisé plutôt qu'un outil basé sur les besoins réels du moment. Si les émotions diffèrent de l'intellect, une confusion peut s'emparer du pratiquant et cette petite hésitation peut faire toute la différence entre une défaite ou une victoire.

Plus qu'une simple position du corps

Le *kamae* est une manifestation du corps, basé sur l'état d'esprit du moment. Il est basé également sur la nécessité, sur le désir de survie. Le *kamae* s'utilise selon les besoins du moment. Il est intimement lié à l'état émotionnel du moment. Un *kamae* est quelque chose qui ne dure pas très longtemps. C'est quelque chose qui est en mouvement, qui n'est qu'une transition. Le *kamae* permet d'enchaîner rapidement de différentes façons, dans différentes directions, offrant toute une variété de possibilités. Le *kamae* adopte le rythme du combat.

Les *kamae* ont été développés pour offrir le plus large éventail possible de déplacements, et de contre-techniques. Avec un minimum de pratique, l'utilisation des *kamae* en combat se fait de façon naturelle. L'utilisation adéquate des *kamae* peut complètement changer le dénouement d'un combat.

L'apprentissage des *kamae*

Au début on se sent gauche et on a souvent l'impression que c'est inutile, qu'on n'utilisera jamais telle posture. C'est un peu vrai, on ne les utilisera à peu près jamais de façon identique à ce qu'on les utilise sur le tatami. Cependant, la pratique bien faite des *kamae* nous donne des automatismes qui diminuent considérablement notre temps de réaction lors de confrontation en situation réelle. C'est à ce niveau qu'ils trouvent leur importance. Ils nous enseignent à réagir de la manière la plus adéquate en fonction de la situation et surtout de nos émotions du moment. Ils nous apprennent également à utiliser notre corps, à le positionner afin d'éviter les blessures et nous offrent un alignement des os nous permettant d'obtenir notre maximum de puissance lors de blocages ou de techniques de frappe.

Les *kamae* sont *sabaki*. Ils sont exagérés afin de mieux permettre à notre corps cet apprentissage du mouvement lié aux émotions. Pour cette raison, ils doivent être appris de manière schématisée telle qu'enseignée au dojo. Plus tard, lorsque l'expérience sera suffisante, on pourra les personnaliser si on le désire. Mais cette personnalisation ne peut se faire qu'à un niveau supérieur de l'entraînement.

Un étudiant m'a raconté un jour qu'il s'était fait attaqué et qu'il avait tenté d'utiliser son kung-fu pour se défendre. L'adversaire était trop expérimenté pour son niveau. La défaite se faisait de plus en plus évidente. Avec seulement quelques semaines d'entraînement en *ninjutsu*, il se mit à reculer en bloquant à l'aide d'*ichimonji*. Cette stratégie défensive a retourné la situation et ça lui a permis d'en sortir victorieux. Les déplacements en angle, liés à l'utilisation des émotions que procurent l'*ichimonji* ont été suffisants pour désorienter un adversaire trop « feu ».

C'est à cela que servent les *kamae*.

Un peu de philosophie à la Japonaise

21 août 2006

Le dojo *Bujinkan* Québec a eu le privilège d'être invité par le consulat du Japon à l'édition 2006 d'Expo-Québec. L'expérience s'est révélé des plus intéressante.

J'ai eu la chance d'avoir des discussions personnelles avec, entre autres, deux professeurs japonais d'arts martiaux. D'abord avec un maître de *kendo* de réputation internationale. À la fin d'une journée particulièrement occupée, chacun s'étant tapé respectivement de 12 à 14 heures de travail dans la journée, on s'est retrouvé assis à une table du *ginko* à philosopher sur les arts martiaux. Le sujet de conversation : ne pas tomber dans le piège du *business* dans les arts martiaux. Nous avons eu une bonne conversation sur l'importance de la différence entre une *business* et la pratique d'un art martial. J'ai particulièrement apprécié cette conversation qui m'a permis d'avoir et de comprendre le point de vue d'un professeur japonais. Cette conversation a bien entendu donnée lieu à de bonnes réflexions de ma part. Voici une partie de ces réflexions.

Si on veut progresser dans son art martial, il est important de vivre cet art. À plus forte raison, si on est professeur. Il est important de garder le contact avec chacun des étudiants. Une connexion doit s'établir entre le maître et l'élève, car chacun apporte beaucoup à l'autre. Le professeur n'est pas là pour vendre des techniques comme s'il vendrait une voiture. La vente d'une voiture ne rapporte que de l'argent. Une fois le client partit, le vendeur ne le reverra pas, le service après-vente s'occupera de lui. Le professeur lui se doit de revoir le plus souvent son élève. Il doit établir un lien durable s'il veut que ce dernier progresse. Plus l'élève progressera, plus le professeur devra s'améliorer afin de maintenir cet écart qui distingue l'élève du professeur. Attention, je parle ici d'un écart référant à la compétence martiale.

Mais malgré cet écart de la compétence, un lien de plus en plus serré se tisse entre l'élève qui atteint un bon niveau et son professeur. Plus le dojo devient une *business*, plus ces liens entre le professeur et l'élève deviennent inexistants.

On a discuté de l'importance de rester le plus proche possible de ses étudiants, de l'obligation de vivre son art. Le *sensei* japonais trouvait regrettable que la plupart des arts martialistes modernes deviennent davantage des hommes d'affaires qui s'éloignent de plus en plus de l'essence même des arts martiaux. Que la plupart des pratiquants connaissent les techniques, mais ne les vivent pas. Ces propos rejoignent ceux d'Hatsumi *sensei* qui nous dit depuis plusieurs années de ne pas nous attacher à la technique, mais de devenir la technique.

Le *sensei* a parlé de l'importance de se concentrer sur son art martial et de ne pas diluer ou diviser ses efforts. Il est déjà extrêmement difficile de comprendre un seul art martial en profondeur.

Autre point important : rester soi-même. Ne pas forcer le respect des étudiants, mais le mériter. Tout ceci doit se faire dans l'harmonie naturelle d'une relation saine entre le professeur et son élève.

Un peu de *ki* ne peut pas faire de tort

Michaël, Francine et moi avons eu la chance d'être initiés à une forme d'utilisation du *ki* qui n'est pas enseigné dans les arts martiaux occidentaux. Un professeur d'*aïkido* japonais nous a fait quelques petites démonstrations.

Il nous a enseigné une forme de respiration assez particulière. Je me laisse quelques mois pour essayer de digérer tout ça et si j'y arrive, nul doute que je vous ferai partager ces techniques étranges.

Ce professeur m'a fait une réflexion un peu étonnante, mais qui ne m'a pas surpris du tout. Ses propos laissaient sous-entendre que les arts martiaux pratiqués par les Occidentaux et ceux pratiqués par les Japonais différaient. Je le savais depuis longtemps, mais jamais aucun d'entre eux ne me l'avait avoué directement.

Je pense qu'une telle confidence ne peut que nous obliger à travailler encore plus fort plutôt que de nous asseoir sur nos lauriers en nous croyant l'égal des Japonais. Peut-être que l'on ne met pas assez d'emphase sur l'expression japonaise gambatte.

Le professeur secret

29 août 2006

Je pense que ça arrive dans tous les arts martiaux, mais qu'il y en a plus en *ninjutsu*. Il m'est arrivé plusieurs fois de côtoyer des pratiquants d'arts martiaux ayant des professeurs secrets dont ils ne pouvaient pas révéler l'identité pour d'obscures raisons. Le dernier en date est venu me voir à Expo-Québec.

Il y a une vingtaine d'années de ça, dans le but d'établir un réseau d'école de *ninjutsu* au Québec, j'avais invité plusieurs professeurs de différents arts martiaux à venir s'entraîner avec moi chez mon professeur aux États-Unis. Quelques-uns ont accepté l'invitation. La personne venue me voir à Expo-Québec était un des élèves d'un de ces professeurs.

Il paraissait heureux de me revoir et je crois que cette joie était sincère. Mais j'ai été incapable de me retenir de poser la question fatidique. Est-ce que tu fais encore du *ninjutsu* ? « Oui bien sûr. Je m'entraîne et j'enseigne maintenant le *ninjutsu* depuis x années. » À la question avec qui t'entraînes-tu, les choses se compliquent. Mon interlocuteur semble embarrassé. Je ne peux le dire...

Naturellement, je n'insiste pas pour ne pas embarrasser davantage la personne en question. Ce n'était vraiment pas la première fois que j'étais confronté à ce genre de réponse.

La plupart des gens, qui ont cette attitude, essaient généralement d'entretenir un mythe autour de leur auréole de professeur. Ils pensent qu'en gardant cette information secrète, ils créent un soupçon de mystère qui fascine leurs étudiants. Oui, si leurs étudiants sont un peu simple d'esprit.

Personnellement, si un de mes professeurs m'avait tenu ce genre de propos, vous pouvez être sûr que je l'aurais harcelé jusqu'à ce qu'ils me mettent à la porte de l'école. À un moment donné, je discute avec Greg Kowalsky, un instructeur américain de *ninjutsu*. Il me demande si je connais « un tel ». Bien sûr, mais je ne l'ai pas revu sur les cours depuis quelques années. Greg me confirma qu'il venait s'entraîner avec lui quelques fois par année. Je venais sans le vouloir de découvrir un professeur secret.

Généralement, ce genre d'instructeur a tendance à apprendre sur vidéo. Ils ne suivent plus de cours depuis longtemps et souvent, ils vont créer leurs propres certifications. Ils ont heureusement tendance à vouloir rester maîtres en se faisant les plus petits possible et en restant les plus discrets possible. Ça augmente le mystère souvent si recherché par les débutants en arts martiaux. L'ennui, ils font souvent passer l'art martial qu'ils prétendent enseigner pour un art de bas niveau. Indirectement, ils causent des préjudices aux arts martiaux qu'ils pensent représenter.

N'importe quel instructeur qui a un professeur digne de ce nom n'hésitera pas à citer le nom de son professeur, il s'en fera même une fierté. Je n'ai jamais eu honte de mes professeurs. Ils m'ont tous apporté quelque chose qui a fait en sorte que je sois devenu l'art martialiste que je suis. De plus, un art comme le *ninjutsu* est toujours en mouvement. Il continue d'évoluer. Malheureusement, trop souvent, on voit du *ninjutsu* qui est périmé. Du *ninjutsu* qui s'enseignait selon le thème de l'année en vigueur il y a 20 ans. Il est de la responsabilité de toute personne donnant de l'enseignement dans le domaine des arts martiaux, de donner la chance à leurs étudiants d'évoluer comme le font les autres pratiquants sur la planète.

La morale de cette histoire, il faut se méfier des professeurs secrets.

Voir au-delà des apparences

4 septembre 2006

Les premiers hommes d'affaires qui ont fait des échanges commerciaux avec les Japonais ont trouvé difficile la façon de penser de ces nouveaux hommes d'affaires. Alors que les transactions semblaient décisives, il y avait souvent des rebondissements de la part de nos amis asiatiques. Ce qui était dit était souvent différent de ce que les Occidentaux avaient compris.

Les Japonais ne pensent pas de la même façon que nous. Il faut comprendre que le système d'écriture les amène à penser davantage en image que nous. Il est démontré scientifiquement à l'aide de différents scanneurs du cerveau que ce ne sont pas les mêmes parties du cerveau qui sont sollicitées lors de la lecture. Le même mot peut avoir différentes significations, lorsque prononcé phonétiquement. Seule la lecture de l'écriture permet de donner le sens du mot sans ambiguïté.

Cette habilité à jouer sur les mots était utilisée par les *ninjas* et a probablement été utilisée à profusion pour cacher le sens réel des techniques. Une façon habile de rester supérieur à l'élève qui pourrait trahir le maître. Une façon habile également de prévenir le vol des parchemins, afin que l'ennemi ne puisse utiliser les techniques contre leurs inventeurs.

Dans la plupart des arts martiaux japonais, le nom de la technique est l'énumération des mouvements permettant l'exécution de celle-ci. En *ninjutsu*, les noms sont souvent plus exotiques, reliés à la nature. Des noms aux images évocatrices comme *musan* (brouillard dispersé), ou *shosetsu* (le roman) ou encore comme *te makura* (la main sous l'oreiller).

Ne pas se contenter de l'interprétation actuelle

Une des erreurs courantes dans les arts martiaux et en particulier en *ninjutsu*, c'est de se contenter du sens premier qui est enseigné sur les cours réguliers. Il faut apprendre à voir les différents sens que peut prendre une technique. Un exemple simple est l'*osoto gake*. *Soto* veut dire « extérieur » et *gake* est généralement traduit par « fauchage ». Le petit « o » devant *soto* est honorifique. Il peut signifier « grand » ou « honorable ». Ce petit « o » est souvent placé devant des mots anciens, par exemple *osake* pour désigner le *sake*.

Mais une autre signification de *gake* au *kanji* différent, signifie « falaise ». Si on se limite au crochetage pour effectuer un *osoto gake*, cela fonctionnera avec les adversaires de grosseur égale ou plus petite. Mais si la différence de poids est trop grande, alors le crochetage ne suffit plus. Imaginez une falaise sur le bord de l'océan. La vague va gruger le bas de la falaise provoquant des affaissements du sol. Cette façon de penser nous amène à ne plus crocheter la jambe, mais plutôt à creuser dans le creux arrière du genou afin de briser la stabilité.

Il serait prétentieux de penser que lorsqu'on est habile dans une technique et qu'on la maîtrise bien, qu'on a plus besoin de faire de recherche sur cette dernière. Ce serait faire preuve d'étroitesse d'esprit sur ce que nous ont légué les vieux maîtres japonais. Accepter le fait qu'on maîtrise une technique et qu'on connaît tout d'elle, c'est se limiter soi-même. Dans le monde occidental, le titre de maître se donne généralement après un certain nombre de *dan* (degré), et ce, de façon automatique.

Mais malheureusement, la plupart de ces maîtres-là, n'ont jamais eu la chance de rencontrer un vrai maître afin de faire une comparaison entre eux et une personne qui a réellement atteint un niveau où on peut les qualifier de maître. Si ces maîtres avaient eu la chance d'une telle rencontre, ils refuseraient sûrement d'utiliser ce titre un peu usurpé.

Il faut apprendre à voir les techniques avec des yeux différents. L'être humain a tendance à fonctionner par comparaison, par point de référence. Dans les arts martiaux, le point de référence qu'il aura tendance à utiliser sera sa propre personnalité martiale. Il aura tendance à analyser en fonction de sa propre expérience, de son propre corps et de ses propres émotions. Il aura tendance à faire les techniques en fonction de son propre vécu et de ses propres croyances. On pourra généralement voir les autres arts martiaux qu'il a pratiqués au travers de celui qu'il enseigne. Cette façon de penser limite l'art martialiste. Il cherche à faire la technique le mieux possible plutôt que de devenir la technique telle que Hatsumi *sensei* nous le demande depuis plusieurs années. Le maître occidental cherche à nous faire voir une technique selon ses propres normes. Le vrai maître lui nous laisse libres d'évoluer sans être prisonniers de la technique.

Une des différences entre le vrai maître et le faux maître se situe dans cette façon d'interpréter les techniques à plusieurs niveaux. Il faut s'habituer à voir les différents sens cachés. Ça ne se fait pas sans effort. Un bon dictionnaire ainsi qu'un bon livre sur les racines des mots japonais, peut parfois aider à comprendre ces différents sens. Mais malgré tous ces outils, rien ne remplacera jamais l'éveil et le questionnement incessant que tout bon art martialiste se doit toujours de posséder.

Pour celui qui commence dans les arts martiaux, cette façon de penser peut sembler un peu paradoxale. Mais pour celui qui pratique depuis longtemps, nul doute que ce petit texte éveillera en lui le goût d'aller voir plus loin, au-delà des techniques.

Les *kihon happo*

11 septembre 2006

Les *kihon happo* sont des éléments clés de notre art martial. Ils nous donnent toutes les bases nécessaires sur la façon de bouger et sur la manière d'utiliser des techniques. J'ai emprunté quelques citations d'Hatsumi *Sensei* et de divers *shihan* dans le livre Tetsuzan. Ce sont surtout des articles écrits par ces *shihan* et des bribes de conversations entre eux et Hatsumi *Sensei*. Ces écrits datent en majeure partie des années 1988.

Manaka *sensei* qui discute avec Hatsumi *sensei* : « J'ai le sentiment que les étudiants n'étaient pas naturels, ils ne font qu'imiter. »

On voit ici que le problème n'est pas nouveau. Dans la plupart des arts martiaux, les étudiants n'ont qu'à imiter la technique pour obtenir leurs ceintures. Il est important d'apprendre à bouger et à ressentir chaque mouvement.

Hatsumi seisei : « Inazo Nitobe a dit que, dans le vrai apprentissage, il faut savoir lire entre les lignes ».

Est-ce que les *kamae* et l'état d'esprit des *kamae* sont ces lignes ou est-ce que ce sont des interlignes ?

Pour réfléchir

Manaka *sensei* :

« Les *kihon happo* sont la base de toutes les techniques, armées ou pas ».

« Les gens ont tendance à imiter les *kihon happo* ».

« Ça prend du temps avant d'exceller dans un combat réel ».

« Les *kihon happo* ont pour but d'amener des réponses inconscientes ».

« Les *kihon happo* sont 8 formes essentielles du *gyokko ryu* ».

Nagato *Sensei* :

« Les *kihon happo* sont les bases de notre *budo*, des bases que l'on peut commencer à n'importe quel point. Nous ne sommes pas obligés de commencer par la première forme ».

« Les *shihan* à Noda bougent tous différemment. Ce qui ne veut pas dire que les *shihan* occidentaux peuvent le faire. La plupart ne comprennent pas et inventent une méthode personnelle ». (Il ne faut pas oublier que ces citations datent de 1988).

« Les *kihon happo* sont un pont entre le conscient et l'inconscient ».

« Les *kihon happo* sont une base vivante, changeante ».

Ishizuka *sensei* :

« Le *ninjutsu* est du *taijutsu*. Le *taijutsu* commence avec les *kihon happo* et se termine avec eux. Si vous avez des problèmes avec une technique, revenez en arrière, et refaites vos *kihon happo* ».

J'espère que ces quelques réflexions vous éveilleront à l'importance des *kihon happo*. Il ne faut pas se fier à leur apparence un peu simple. Les leçons à recevoir des *kihon happo* sont nombreuses et parfois difficiles à saisir. Mais elles sont bien là. À nous de les apprivoiser.

J'avais écrit ce texte pour un ancien blogue en mars 2004. Aujourd'hui, deux ans après, je m'aperçois que les *kihon happo* ont davantage de valeur que ce que pensais à cette époque qui pourtant, n'est pas si lointaine. Pris individuellement, les *kihon happo* au premier regard ne ressemblent qu'à de simples techniques comme il y en a tant dans tous les arts martiaux. Mais lorsqu'on prend la peine de décortiquer un seul *kihon happo* comme *omote gyaku*, on s'aperçoit que chaque mouvement du *kihon happo* est un principe en lui-même. La combinaison des différents *kihon happo* multiplie de façon étonnante le nombre de techniques que l'on peut faire. On réalise alors rapidement que beaucoup de techniques utilisables en combat corps à corps, on des similitudes étonnantes avec les *kihon happo*.

Il faut cesser de prendre les *kihon happo* comme étant des techniques acquises que l'on a plus besoin de pratiquer. Il faut se chasser de la tête l'idée que l'on maîtrise ces techniques au point de ne plus avoir besoin de s'y référer. Il faut vraiment être prétentieux pour penser qu'on a plus besoin des *kihon happo*.

Maîtriser les *kihon happo* : illusion ou réalité ?

La douleur dans les arts martiaux

12 septembre 2006

Qu'on le veuille ou non, la douleur est presque indissociable de l'étude des arts martiaux traditionnels. La douleur est acceptable jusqu'à un certain point, pourvu qu'elle ne laisse aucune séquelle au pratiquant et qu'elle soit justifiée par une obligation pédagogique intelligente.

Nous ne sommes pas dans une période de guerre pour avoir droit à un certain pourcentage de perte et de blessures durant l'entraînement. Les paramètres sont différents. Nous avons la chance en *ninjutsu* d'avoir un maître japonais qui est avant tout un médecin. Son enseignement transmet l'importance de prendre soin de notre corps afin d'être opérationnel à 100 % en cas de besoin en situation réelle.

Beaucoup de pratiquants d'arts martiaux se valorisent par les supplices qu'ils font subir à leur corps. Il y a 25 ans, c'était normal de se faire frapper à grands coups de poing dans l'estomac sous prétexte de s'endurcir pour recevoir des frappes. Je me souviens d'un exercice stupide qui consistant à nous coucher sur le dos, et quelqu'un montait sur une chaise et lançait de toutes ses forces un « medecine ball » de plusieurs kilos sur nos abdominaux dans le but de nous endurcir, histoire de nous préparer à recevoir des coups en situation de combat réel. Dans cette logique de préparation au combat, il aurait fallu nous lancer également le ballon à la figure, car statistiquement, c'est le premier endroit touché en combat réel. La plupart de ces professeurs qui enseignent de cette façon ne se sont jamais battus en situation réelle. Ils n'ont qu'une idée un peu rêveuse de ce que peut être une vraie confrontation.

Ce n'est peut-être qu'une coïncidence, mais la plupart des vieux maîtres qui préconisaient ce genre d'entraînement à la dure, meurent presque tous de cancers liés aux organes frappés. Il ne faut pas oublier non plus qu'à une certaine époque l'espérance de vie était d'environ 35 ans. L'endurcissement extrême d'un tibia ne dure tout au plus qu'une dizaine d'années. Ensuite, l'os devient fragile et cassant. Mais à cette époque ce n'était pas grave, il ne restait que cinq ou six ans à vivre au pratiquant.

Éviter les séquelles à long terme

Le *ninjutsu* est un art martial qui a la réputation d'être violent, car occasionnellement, on repart avec des bleus sur les bras. Mais un bleu n'est pas dangereux et il n'y aura pas de séquelles à long terme. Par contre, le pratiquant, qui fait de nombreux efforts pour arriver à faire le grand écart, handicape sa colonne à long terme, il la fragilise. Celui qui enchaîne un grand nombre de coups frappés, que ce soit des bras ou des pieds dans le but de faire claquer son kimono, ce qui est pour beaucoup synonyme de puissance, hypothèque de manière irréversible ses coudes et ses genoux.

À la question : « est-ce que la douleur est nécessaire dans les arts martiaux ? » Je réponds : « oui, mais pas à n'importe quel prix ». Il m'est arrivé dans les séminaires *word kobudo* de donner de la formation à des groupes de 3 à 5ième degrés (*dan*) et plus. La plupart de ces ceintures noires étaient désorientées devant la douleur créée par une frappe sur le nerf radial par exemple. En situation réelle, si ces gens devaient recevoir un coup de pied aux parties ou au visage, il est clair que leurs corps et leurs pensées figeraient de la même façon durant quelques secondes, temps suffisant pour un adversaire agressif de continuer le massacre. La douleur est un signal nerveux (influx nerveux 450 pieds/seconde) qui indique qu'il y a un danger. En situation de combat, si le cerveau n'est pas habitué ou entraîné à recevoir un tel signal, il sera désemparé. Lorsque le corps s'habitue (et ça se fait assez vite) à recevoir une telle information, il sait instinctivement qu'il a la capacité de continuer et qu'il pourra remettre à plus tard l'analyse de cette information.

Oui la douleur est nécessaire, mais encore une fois, il faut qu'elle soit justifiée et surtout qu'elle soit donnée de façon intelligente afin de prévenir les blessures et les dommages à long terme.

Le *ninjutsu*, un art martial déroutant...

19 septembre 2006

Une personne qui pratique le *judo* s'appelle un *judoka*, une personne qui pratique le *karaté* est un *karatéka* et une personne qui pratique le *ninjutsu* s'appelle un *ninja*. La première syllabe *nin* se traduit en français par « persévérance » et « endurance ». Le *ja* signifie simplement « personne ». Donc un *ninja* est une personne qui pratique la persévérance.

Tous les autres noms font référence à une personne qui pratique son art martial alors que le *ninja* ne fait pas allusion à un art martial. Déjà à ce niveau, le *ninjutsu* offre une attitude différente des autres arts martiaux. La plupart des arts martiaux ont une structure destinée aux Occidentaux. Une structure logique où nécessairement deux et deux font quatre. Chaque technique est codifiée et mise en boîte afin d'être consommée rapidement sans qu'aucune recherche ne soit nécessaire. Il faut que l'étudiant trouve son chemin facilement, évitant ainsi un possible découragement.

Le plus souvent, le temps entre les ceintures ne dépassera jamais trois mois, car à ce niveau l'étudiant atteint un plateau où l'intérêt diminue. C'est la conclusion à laquelle sont arrivées les firmes spécialisées qui ont adapté le marketing aux arts martiaux. Pour garder longtemps les étudiants au dojo, il faut s'assurer qu'ils passent une ceinture aux trois mois. Un bon conditionnement physique qui donnera quelques courbatures aura pour effet de leur faire dire que le cours de la veille était bon. En les encadrant du début à la fin du cours, ils auront l'impression d'être bons, car ils feront les mouvements au commandement du professeur. S'ils ne connaissent pas le mouvement, pas d'importance, car ils pourront suivre les autres étudiants. De plus, ils ne verront que du matériel de leur propre ceinture, ce qui limite les chances d'avoir de la difficulté à effectuer une technique.

Le *ninjutsu*, ce méconnu...

Dans le *ninjutsu*, tout est différent. L'étudiant a souvent l'impression d'être perdu, de n'avoir aucune idée de ce qu'il fait ou doit faire. C'est déstabilisant au début. Dans notre société on est habitué à être conduit par la main et on prend goût à contrôler notre environnement. Dans le *ninjutsu*, c'est le contraire. Il y a beaucoup moins de points de repère. Les cours se suivent et on ne refait pas nécessairement les mêmes techniques. On a parfois l'impression que l'on n'est pas bon, car on ne se souvient pas de toutes les techniques apprises. Cette sensation est normale. Le *ninjutsu* est un *bugei*, c'est-à-dire un art martial qui a pour objectif la survie de celui qui le pratique. Dans la plupart des arts martiaux, on s'assure que l'étudiant se souvienne des techniques qu'il a apprises. Cette sensation de connaissance est valorisante. Mais elle ne permet pas l'adaptation face à des attaques différentes de ce qu'on a appris. Le *ninjutsu*, plutôt que de faire appel à la mémorisation et à l'intellect, fait appel à l'inconscient et à l'instinct. Ces deux aspects ne vous laisseront jamais tomber lorsque vos jambes trembleront sous l'effet du stress et de la peur. Après deux ou trois mois, l'étudiant réalise, en faisant une nouvelle technique qu'il n'a jamais vue auparavant, qu'elle renferme un principe ou une mécanique qu'il a déjà vue d'une autre façon. Le déclic est fait, il est capable de s'adapter et surtout de comprendre ce qui fait que la technique fonctionne.

La raison de ce mode d'apprentissage est simple. La plupart des arts martiaux sont pensés en fonction d'une certaine durée de temps nécessaire à l'apprentissage de l'art, alors que le *ninjutsu* se devait d'être opérationnel le plus rapidement possible, question de survie.

Alors, si vous vous sentez un peu désorienté par cette autonomie que donne le *ninjutsu*, si vous vous sentez un peu désemparé par cette structure étrange, pensez à ce que signifie le *nin* de *ninja*. Vous réaliserez alors que l'effort en valait la chandelle. La compréhension que donne cette forme d'apprentissage vieille de plus de 900 ans permet de comprendre les arts martiaux mieux que n'importe quel autre apprentissage que pourra imposer une firme de marketing.

Justifier son art martial

25 septembre 2006

Il y a un de plus en plus de styles d'arts martiaux disponibles sur le marché. On en trouve des traditionnels comme le nôtre, qui ont plus de 900 ans d'existence à de tous nouveaux qui ont à peine quelques années d'existence. Comment faire pour se démêler dans tout ça ?

Il faut d'abord savoir ce que l'on recherche et surtout dans quel but ? Est-ce que l'on désire simplement de la mise en forme ? Alors, il faudra s'assurer que *push-up*, redressement assis et toute la panoplie d'exercices pour le cardio seront au rendez-vous. Est-ce que l'on recherche plutôt, le *challenge*, la compétition qui pourra nous permettre de rapporter trophée et gloire à la maison ? On devra s'assurer alors que l'école où on s'est inscrit a accès à des compétitions de haut niveau si on veut évoluer parmi les meilleurs. Est-ce que l'on recherche plutôt un art martial qui nous offre spiritualité et philosophie ? On devra alors prendre soin de choisir le bon professeur, car tout découlera de lui. Un mauvais professeur peut transformer ou plutôt déformer n'importe quel art martial à son image. Est-ce que l'on recherche davantage l'autodéfense ? On devra alors s'assurer que les techniques sont cohérentes, que le professeur pourra expliquer et justifier chacun des mouvements qui composent les techniques qu'il enseigne.

Trois grandes catégories

On peut séparer les arts martiaux en trois grandes catégories, chacune pouvant contenir un peu des deux autres. La première catégorie est la plus à la mode à notre époque. Les arts martiaux sportifs. Le but premier est la compétition. Comme l'école a pour objectif de rapporter le plus de trophées possible, souvent ce seront les meilleurs éléments qui auront le plus d'attention. Auront également plus d'attention ceux qui participent à un plus grand nombre de compétitions, ils sont plus rentables financièrement. Afin d'éviter les automatismes pouvant amener des accidents lors de compétitions sportives, les éléments plus dangereux sont généralement supprimés. Les assurances coûtent cher lors de tels événements.

On retrouve en seconde catégorie les arts martiaux en *do*. *Karaté-do*, *judo*, *kendo* et bien d'autres possédant cette terminologie. Le *do* en japonais signifie la voie. La recherche d'une spiritualité par le biais des arts martiaux. L'illumination étant souvent le but recherché. Ces arts martiaux ont généralement abandonné tout ce qui était violent dans l'art d'origine.

Une troisième catégorie se caractérise par ce que l'on nomme des *bugeï* en japonais. C'est-à-dire un art guerrier dont le but premier est la survie. Le *ninjutsu* tel qu'enseigné dans le *Bujinkan* fait partie de cette catégorie. Les techniques sont faites pour obtenir la victoire en cas de conflit. De nos jours, plusieurs corps militaires sont à la recherche d'un tel art martial et n'ont pas hésités à créer leur propre art martial pour arriver à ce résultat. Mais il faut comprendre que les besoins militaires sont un peu différents. Ils ont besoin de former des combattants dans un temps relativement court. Les techniques se doivent d'être généralement plus simples et plus rapides à l'apprentissage. Il faut comprendre aussi que si la technique n'est pas parfaite, on a droit à un certain pourcentage de perte acceptable. De plus, les militaires qui font l'apprentissage de ces techniques sont généralement dans le début de la vingtaine, c'est-à-dire au meilleur du rendement de leur corps.

Quel art martial est le bon ?

Tous les arts martiaux ont leur raison d'être. On doit choisir en fonction de ses besoins et de ses goûts. Il y a presque autant d'arts martiaux différents que de catégories de caractères. Chacun peut trouver chaussure à son pied.

L'important, lorsque l'on pratique un art martial, est d'être bien dans ce que l'on fait et être conscient, voire lucide, sur l'art martial que l'on pratique. Il n'est pas rare de voir des professeurs fanatiser leurs étudiants au point que ces derniers regardent les autres arts martiaux avec suffisance et parfois même dédain. Si on a la chance d'avoir des amis qui pratiquent un autre art martial, il faut échanger avec eux.

Il faut connaître les limites de son art martial. Il faut aussi avoir le courage de poser des questions lorsqu'il y en a. Personnellement, j'ai toujours eu une tendance à harceler mes professeurs pour avoir des réponses lorsque je ne comprenais pas la raison d'un mouvement ou d'une technique. Le bon professeur sera toujours en mesure de vous faire comprendre la justification des techniques.

Où se situe le *ninjutsu* dans tout ça ?

Personnellement, j'ai commencé le *ninjutsu* parce que ça répondait à un besoin. J'étais deuxième *dan* de *karaté* et je donnais de la formation à des gens travaillant dans le domaine de la sécurité. Je n'avais pas le choix de constater que je n'étais pas à la hauteur. Ça aurait été de la malhonnêteté de ma part de continuer dans ces conditions. Une personne œuvrant dans le domaine de la sécurité ne doit pas frapper un contrevenant à coup de pied et de poing.

J'ai donc au pratiqué au-delà d'une bonne dizaine de sortes d'arts martiaux, allant de l'*aïkido* au *kung-fu* en passant par le *kick-boxing* et plusieurs autres styles. Je suis finalement tombé sur une publicité dans la revue Blackbelt sur un séminaire de *ninjutsu*. Je venais de trouver enfin l'outil nécessaire pour mes besoins professionnels en sécurité. Être capable de contrôler une personne agressive en minimisant les risques de blessures, autant pour moi que pour elle.

Le *ninjutsu* est un *bugeï*, mais il est également plus que ça. Il nous transmet une philosophie vieille de 900 ans. Une philosophie qui a connu les périodes de guerre les plus violentes du Japon, mais qui a également connu les périodes de paix. Le *ninjutsu* nous transmet un mode de vie et de pensée qu'aucun autre art martial ne possède à un tel niveau.

Quel art martial choisir ? Peu importe, l'art martial que l'on choisit, l'important est d'être bien dans celui que l'on choisit et de pouvoir évoluer tout en étant en harmonie avec notre personnalité et nos principes de vie.

Peut-on devenir plus efficace en vieillissant ?

30 septembre 2006

Oui, mais pas à n'importe quelle condition. Comme dans tout bon vin qui mûrit, il faut des conditions spéciales. La première condition il faut évoluer. Beaucoup trop d'arts martialistes n'évoluent pas au sein de leur art martial. Certes ils possèdent beaucoup plus de techniques et de *kata*, mais leur compréhension martiale demeure la même. Ils exécutent leurs techniques de la même façon qu'ils le faisaient il y a 20 ans. À la différence que la vitesse n'est plus au rendez-vous.

Plusieurs outils s'offrent à nous pour s'adapter à la conséquence du vieillissement, mais la plupart des gens ne les voient plus. La force physique se faisant moins évidente, on doit apprendre à utiliser l'énergie cinétique du corps. La plupart des arts martialistes vont dans le sens contraire de l'utilisation de cette énergie. Le *sanshin* terre, lorsqu'il est bien compris, est un outil efficace pour développer cette utilisation au maximum. Toutes les frappes de style feu, boxe, *karaté*, etc., ont besoin de récupérer cette énergie pour atteindre leur plein potentiel.

On peut également utiliser la force centrifuge du corps qui nous permet d'éloigner rapidement le corps lorsque l'énergie de la frappe est libérée. Ce type de mouvement donne l'impression que celui qui l'utilise est d'une vitesse supérieure à la plupart des gens. L'illusion est parfaite lorsque l'on sait que c'est l'adversaire qui s'éloigne rapidement. Naturellement on peut développer cette forme de mouvement lorsqu'on s'entraîne avec le *sanshin* vent et qu'on comprend ce qu'il nous apporte et comme il fonctionne.

Hatsumi *sensei* a un jour dit à un journaliste « beaucoup de gens sont morts, mais ils ne le savent même pas ». Il faisait allusion aux gens qui ont complètement cessé d'évoluer. Vous les rencontrez de 10 ans en 10 ans, ils ont une maison plus grosse, une voiture de rêve, mais leur façon de penser n'a pas évolué d'un cran. Ils tiennent le même genre de conversation en utilisant la même argumentation. Ceci est exactement le comportement de la plus grande partie des ceintures noires qui ont dépassé l'étape psychologique de la quarantaine. Ils continuent de regarder la technique de la même façon sans aucun changement dans le point de vue.

Apprendre à voir le détail qui fait la différence

L'art martialiste vieillissant doit apprendre à voir le petit détail qui fait toute la différence. Il doit apprendre à voir dans l'infiniment petit de la technique. Il ne devrait plus regarder la technique, il est censé la connaître, même si elle est nouvelle et qu'il ne l'a jamais pratiqué. Il ne faut plus regarder la technique, mais regarder les lois physiques et mécaniques qui régissent la technique. La plupart d'entre vous ont déjà vu qu'un doigt mal positionné a une influence sur toute la mécanique du corps. Avec les années il faut comprendre et surtout ressentir cette mécanique. C'est elle qui nous permet de devenir plus efficace en vieillissant.

Il faut également apprendre à avoir un esprit qui travaille sur plusieurs niveaux simultanément. On se déplace en bloquant le coup de poing sans analyser et essayer de prévoir la suite des opérations par le biais de l'intellect. Mais à un niveau plus profond, à un niveau qui se passe dans le subconscient, il faut savoir comment positionner le corps afin gagner cette partie d'échecs. Ce positionnement doit être évalué (toujours inconsciemment) en fonction des possibilités de déplacement de l'adversaire. Pour arriver à faire cette évaluation correctement, il n'y a pas de secret, c'est l'expérience accumulée seule qui peut arriver à ce résultat. Mais pour arriver à cela, il faut que les bases soient solides et bien assimilées.

Je sais tout ça...

Le pire ennemi de l'art martialiste c'est généralement lui-même et sa propre suffisance. À partir du moment que l'on se dit que je connais cette technique, il y a relâchement de ce que pourrait nous apprendre cette technique. Je prends toujours un plaisir à enseigner une technique que toutes les ceintures avancées connaissent. J'y mets généralement un petit détail important qu'ils ne connaissent généralement pas. Si l'élève est assez avancé, il fera la découverte avec toute la satisfaction que ça implique. Mais s'il la fait par habitude de manière un peu blasée (ce qui est généralement le cas, car c'est très humain de réagir de cette façon), il passera à côté d'un principe lui permettant d'évoluer davantage. Hatsumi *sensei* agit généralement de cette façon. De temps en temps, il va faire une remarque sur ce qu'il y avait de cachée dans la technique dans l'espoir de sensibiliser les gens sur cette façon d'enseigner.

Il faut également apprendre à délaisser ses vieilles références, à cesser de vouloir comparer les techniques que l'on fait présentement à celles que l'on a étudiées auparavant. Si on a acquis l'expérience nécessaire, on n'a pas besoin de l'intellectualiser en se référant constamment à ce que l'on a fait auparavant. On doit apprendre de nos erreurs et de notre passé, mais on ne doit pas rester accroché afin de ne pas être ralenti dans notre apprentissage par ce même passé.

Juppo sessho

3 octobre 2006

L'année 2003 était sous le thème du *juppo sessho*. *Ju* qui veut dire dix, *po* qui veut dire directions et *sessho* qui implique la notion de contact. Un contact physique, mais également et surtout mental. La compréhension et l'assimilation du *juppo sessho* nous permettent de progresser martialement de façon significative.

La plupart des arts martiaux se déplacent uniquement sur un plan horizontal. Ils se contentent d'être réactifs à l'attaque. Un coup de poing est donné, un bloc est amorcé suivi d'une contre-attaque. Se contenter de ce type de combat revient à se donner des limites restrictives. L'art martialiste doit être un combattant qui n'a pas de limite. Il se doit d'être libre dans sa façon de bouger et dans sa façon de penser.

Le *budo taijutsu* nous enseigne comment travailler sur un plan vertical. Notre vie quotidienne se déroule sur un plan horizontal. On lit sur un plan horizontal, on regarde un film, on conduit un véhicule, on regarde les gens dans les yeux, bref une bonne partie de notre vie se fait sur ce plan. Ajouter la dimension verticale dans nos techniques permet de désorienter l'adversaire.

Les *ninjas* utilisaient des techniques d'évasion basés sur ce principe. Au lieu de s'échapper en allant vers la gauche ou la droite, il se laissait descendre au sol et effectuait une roulade cachée par les hautes herbes. Le temps que son adversaire réalise sa disparition, il était déjà loin. L'œil n'est pas exercé à surveiller les mouvements verticaux.

Dans les techniques, l'utilisation du plan vertical nous permet de modifier la distance de nos attaques. Il nous permet également de réduire à zéro les tentatives de projections d'un adversaire, d'utiliser de manière plus efficace le poids de notre corps afin de déséquilibrer un adversaire plus lourd que nous. Apprendre à utiliser l'axe vertical est un outil essentiel pour l'art martialiste qui oriente son art vers la survie et non vers la compétition sportive.

Sessho

Garder le contact veut dire se connecter à l'adversaire. Pressentir, ses mouvements et ses intentions font partie de ce concept. Il devient facile de parer les attaques d'un adversaire lorsque l'on sait d'avance quels seront ses mouvements. Se connecter à l'adversaire nous permet également de savoir dans quel élément il puise ses ressources.

La relation physique que nous entretenons avec un adversaire lors d'un combat nous permet de bouger avec l'adversaire et non en contre-réaction de ses gestes. Il n'y a que lorsqu'on s'harmonise aux déplacements de l'adversaire que l'on peut capturer son énergie afin de l'utiliser contre lui. Le contact physique ne doit pas être confondu avec le contrôle physique de l'adversaire. Un contact physique est léger, sensitif. C'est souvent un effleurement léger qui permet de récolter l'information nécessaire à la victoire. Il faut s'habituer à lire et à interpréter ces contacts. Dès qu'il y a contact, il y a récolte d'informations.

On établit le contact non seulement sur les attaques de l'adversaire, mais on l'établit également sur nos propres attaques. À partir du moment où il y a confrontation psychologique, la connexion avec l'attaquant devrait être faite. Dès qu'il y a présence d'un adversaire potentiel, de l'information devrait déjà être perçue, affectant le type de réaction que l'on a en cas d'attaque-surprise.

Le *juppo sessho* est outil extraordinaire lorsqu'on prend la peine de le comprendre et de l'utiliser.

Devenir un bon *uke*

17 octobre 2006

Dans le monde des arts martiaux japonais, on appelle *uke* celui qui fait l'attaque, celui qui donne le coup de poing ou de pied. La traduction de *uke* signifie « celui qui reçoit », « celui qui prend », « celui qui est affecté ». On peut conclure que *uke* est celui qui reçoit la correction. Par opposition, *tori* est celui qui exécute la technique, celui qui devra sortir gagnant.

Être un bon *uke* n'est pas facile et pourtant c'est un élément essentiel pour une progression rapide et efficace de tous les pratiquants d'arts martiaux, et ce, quel que soit le style que l'on pratique. Lorsque l'on pratique une technique en dojo, le but n'est pas de gagner pour l'un ou l'autre des partenaires d'entraînement. Le but n'est pas de prouver quoi que ce soit. Le but est de comprendre ce que la technique a à nous enseigner.

Lorsque l'on sert de *uke* sur une technique, il faut aller dans le sens de la technique. Il est extrêmement facile de résister à une clé ou une projection lorsque l'on sait d'avance ce qui va arriver. *Tori* peut s'adapter et modifier la technique pour sortir gagnant de la confrontation. Mais même avec une victoire, il est perdant, car il n'aura pas maîtrisé et appris ce que le *kata* a à lui enseigner. C'est dans cette optique qu'il faut accepter de jouer le jeu. En *ninjutsu*, un *kata* est un exercice qui se fait à deux. C'est un enchaînement préprogrammé qui a pour mission de nous enseigner les clés, les déplacements, les angles, les distances, bref, tout ce qui peut faire de nous un art martialiste accompli.

Suivre le mouvement

Plusieurs personnes ont tendance à résister lors d'une technique. En agissant ainsi, ils empêchent leur partenaire d'entraînement de bien progresser. Il faut suivre le rythme de la technique. Il faut apprendre à aller dans le même sens que la demande de *tori*. Il faut aller dans le même sens, mais sans cependant faire la technique à la place de *tori*. Si par exemple *tori* fait un *osoto gake*, il ne faut pas tomber au sol si ce n'est pas *tori* qui nous fait tomber.

En devenant un bon *uke*, on aide *tori* à mieux progresser et on apprend à recevoir une attaque, on apprend à travailler nos chutes et à adapter notre corps à diverses situations. Cette adaptation est essentielle si on veut atteindre son plein potentiel de guerrier. *Uke* et *tori* sont les deux côtés d'une même médaille.

En conclusion

Non seulement on peut résister à une technique, mais à un moment donné c'est même souhaitable. Mais pas avant d'avoir bien compris la mécanique de la technique. Il faut pourvoir laisser notre égo de côté et prendre comme obligation que devenir un bon *uke* est essentiel dans notre évolution est celle de notre partenaire.

Qui donc possède la vérité ?

6 novembre 2006

Lorsque l'on fait des mathématiques, la question ne se pose même pas. Peu de gens doutent que deux et deux fassent quatre. Dans les arts martiaux, rien n'est aussi simple. Chaque professeur, chaque maître et même chaque élève sont persuadés de détenir la vérité. Le problème est que souvent il n'y a pas qu'une vérité, il peut y avoir plusieurs vérités.

Chaque élément peut porter à interprétation. Chaque technique peut porter à personnalisation. Chaque pratiquant y voit une façon de faire en fonction de sa propre expérience et de sa propre capacité. Qui a raison et qui a tort ? La meilleure réponse possible se trouve dans la logique lors de l'exécution de la technique. Est-ce que ma façon de faire me permet de développer beaucoup de puissance dans mes contre-attaques ? Est-ce que mon intervention est réaliste et sécuritaire en situation réelle ? Est-ce que ma méthode de travail me permet d'utiliser pleinement les ressources de mon corps comme l'alignement des os, des déplacements fluides, un *timing* idéal ?

Il est humain de se poser des questions et dans un combat en situation réel, il est généralement trop tard pour se les poser. Notre questionnement doit donc se faire lors de notre apprentissage. Le *Bujinkan* est probablement l'école d'art martial qui offre le plus de réponses à l'étudiant. Il est nécessaire de comprendre pourquoi une technique fonctionne et donne tel ou tel résultat. On ne demande pas à l'étudiant de croire aveuglément, on lui demande de comprendre comment et pourquoi la technique fonctionne.

Il est fréquent dans le *Bujinkan* de voir le professeur arrêter au milieu du cours et de demander à un étudiant de refaire la technique qu'il vient d'exécuter avec la variation qu'il y a incluse. Le professeur reconnaît ainsi que l'étudiant a su faire preuve d'adaptation et d'ingéniosité dans sa façon de faire. L'étudiant a trouvé une vérité à la technique et le professeur l'apprécie et reconnaît ce fait au lieu de se sentir diminué comme on le voit trop souvent dans différents arts martiaux.

Comme art martialiste, il est de notre devoir de se poser des questions afin de se rapprocher le plus possible de « la » vérité s'il y en a une. Lorsque l'on désire se rapprocher de cette vérité, il est bon de travailler avec différents professeurs afin d'avoir une autre vision des techniques enseignées au sein de notre art martial. Attention, je ne parle pas de professeurs qui ne font que photocopier la technique d'une génération à l'autre. Je parle de professeurs qui font de la recherche, qui ont compris qu'un art martial est souvent plus profond qu'il n'y paraît à première vue. Il faut voir au-delà de la surface si on veut aller chercher tout ce que l'art martial peut nous apprendre.

L'avantage que nous avons dans le *Bujinkan*, est cette possibilité s'entraîner avec une multitude de professeurs de haut niveau. Que ce soit en ayant un professeur invité à notre dojo ou en allant au Japon avec différents professeurs, nous avons accès à plusieurs visions différentes d'une même technique. Il n'appartient qu'à nous d'utiliser ces différents angles de vision afin d'avoir une meilleure idée de que peut être la vérité.

L'utilisation des points de pression dans les arts martiaux

15 novembre 2006

Les policiers utilisent les points de pression depuis bientôt trente ans. Ils facilitent le contrôle d'individus récalcitrants en créant des dysfonctions motrices, des pertes d'équilibre, parfois des étourdissements pouvant aller jusqu'à la perte de conscience. Ils sont allés puiser dans ce que l'on appelle les *kyusho*. À une certaine époque, la plupart des arts martiaux japonais utilisaient ces points vitaux que l'on peut atteindre soit par percussion, soit par pression.

Pour un art martialiste, bien utilisés, les *kyusho* permettent de contrer un adversaire beaucoup plus puissant que lui ou de limiter les dégâts dans un combat en situation réelle. Beaucoup d'arts martiaux enseignent de nos jours ces points vitaux. Malheureusement, la plupart des professeurs n'ont jamais eu de formation donnée par des personnes compétentes dans le domaine. De ce fait, un point mal donné peut causer des blessures graves. Il est facile de trouver sur Internet des chartes de points de pression. Malheureusement, sur ces chartes, l'information donnée est généralement fausse ou du moins très incomplète. Chaque point de pression a son petit secret, son angle, sa façon qui lui est très personnelle de se laisser atteindre.

J'ai déjà vu des instructeurs d'arts martiaux enseigner des points de pression et garantir à 100 % les effets qu'il avait lus dans un livre. Il faut savoir en premier lieu qu'environ 7 % des gens ne ressentent pas certains points de pression. Imaginez l'art martialiste qui est certain de gagner son combat par une telle technique. Quelle sera sa surprise lorsqu'il constatera que sa technique infaillible est totalement inefficace ! Il laisse une porte toute grande ouverte à son adversaire s'il n'est pas prêt à réagir immédiatement.

Je me suis souvent amusé avec de tels instructeurs en les laissant essayer leurs points sur moi. C'est toujours intéressant de voir l'incompréhension se dessiner sur leur visage au fur et à mesure qu'ils mettent davantage d'efforts sur leur technique pour essayer de me faire plier. Ça devient encore plus drôle de voir leur réaction lorsque vient mon tour pour leur faire la technique.

Il ne faut pas hésiter lorsque l'on suit un cours de points de pression de demander les antécédents de l'instructeur dans ce domaine. Dans le domaine de la sécurité, il est fréquent de voir des gens s'improviser comme instructeur. Dans les arts martiaux, c'est souvent pire.

Lorsque l'on apprend l'utilisation des points de pression, il faut également apprendre ce qui fait que ces points fonctionnent. Il faut comprendre le mécanisme qui se cache sous chacun des points que l'on utilise. Il est de notre responsabilité de comprendre les implications médicales et légales que l'utilisation de ces points amène.

Les *kyusho* sont fascinants. Mais leur utilisation ne devrait jamais s'improviser. Comme art martialiste, il est de notre responsabilité de s'assurer que ce qu'on nous enseigne est valable.

Daikomyosai 2006

12 décembre 2006

Chaque Daikomyosai est un événement exceptionnel en soi. 2006 a été une cuvée exceptionnelle. Hatsumi *sensei* trouve d'année en année le moyen de nous démontrer jusqu'à quel point il est loin au-dessus de la plupart des arts martialistes que nous sommes. L'enseignement qu'il transmet lors de cet événement ne peut être perçu en regardant l'événement sur un DVD.

Le Daikomyosai n'est pas simplement une collection de techniques que l'on peut apprendre par correspondance. C'est avant tout une transmission de *feeling*, d'énergie que l'on ne peut percevoir qu'en étant à proximité d'Hatsumi *sensei*. On peut reproduire mécaniquement une technique en la regardant sur un DVD, mais on ne pourra jamais ressentir l'énergie sous-jacente de cette technique si un professeur suffisamment compétent ne nous la fait pas ressentir.

Le Daikomyosai 2006 complétait une année d'étude du *shinden fudo ryu* et de toutes les subtilités qui s'y rattache. Premier cours le dimanche matin avec Nagato *sensei*. Nagato *sensei* revise les techniques de *Gyokko ryu*, ce qui n'était pas du luxe.

Dès le lundi matin 9 heures, un cours avec Shiraishi *sensei* nous a permis de mieux comprendre le message d'Hatsumi *sensei*. Ce premier cours d'après Daikomyosai avec Shiraishi *sensei* est important pour moi. Comme il sert de *uke* pour Hatsumi *sensei* dans une multitude de techniques, il est celui qui est le mieux placé pour comprendre et nous faire comprendre les choses que l'œil ne peut percevoir. Il nous a expliqué et surtout fait ressentir individuellement les *feelings*, les mouvements essentiels qui se rattachaient au Daikomyosai de cette année. Comme chaque lundi matin 9 h, peu de personnes prennent la peine de se lever tôt pour ce cours. Nous n'étions qu'une douzaine à bénéficier de l'entraînement de Shiraishi san.

En soirée, un cours avec Oguri *sensei* a terminé cette journée de façon magistrale. Je lui ai fait une demande spéciale : nous enseigner ce qu'était le *feeling* de *shizen shigoku no kata*. Le défi était de taille, mais Oguri *sensei* s'en est tiré avec brio. La plupart des participants au cours étaient d'accord que ce cours était l'un des meilleurs qui s'est donné sur le sujet. Oguri *sensei* est l'un des *shihan* japonais qui s'est le plus amélioré ces dernières années.

Le cours du mardi soir se passait avec Hatsumi *sensei*. Une quarantaine de personnes environ prenait part au cours qui se donnait à Ayase. On aurait dit qu'Hatsumi *sensei* avait plein de choses à nous enseigner qu'il n'avait pas eu le temps de montrer au Daikomyosai. Le cours était dynamique et intense. Beaucoup de *suwari gata* fait parfois de façon étrange, mais efficace.

Le mercredi matin, nouveau cours avec Shiraishi. Nous continuons d'explorer le Daikomyosai et ses secrets. En après-midi, un autre cours avec Nagato *sensei*. Beaucoup de discussion sur la passation des *dan* au sein du *Bujinkan*. Beaucoup de conversation également sur ceux ne sont pas nécessairement dans le bon chemin dans leur entraînement.

Cours en soirée avec Noguchi *sensei*. Il a le don de nous enseigner un nombre incroyable de variations d'une même technique. Noguchi *sensei* a son style qui lui est un peu particulier. Je ne pourrai jamais bouger de sa façon qui lui est personnelle, mais les pistes qu'il nous donne sont précieuses et nous permettent d'évoluer dans différents chemins.

Le jeudi après-midi, il n'y a pas de cours au programme. Mais j'ai demandé à Nagato *sensei* un cours pour ce jeudi après-midi et il a accepté même si nous n'étions que huit personnes. Il va sans dire qu'il y a eu beaucoup d'attention pour chacun des participants.

En soirée nouveau cours avec Noguchi *sensei*. Nous ne sommes que trois sur le cours, moi, Éric Jobin et Georges un gars de Nouvelle-Écosse. Noguchi *sensei* aurait pu montrer un désintéressement vu le petit nombre de personnes. Au contraire, il s'est montré d'un rare enthousiasme, nous corrigeant à chaque mouvement tout en nous enseignant une multitude de techniques. Il s'assurait que nous ayons bien compris chaque mouvement pour passer ensuite à une nouvelle variation. Nous avons fait plusieurs *kata* codifiés du *shinden fudo* et un nombre incroyable de variations découlant de ces *kata*.

Le vendredi soir nous nous retrouvons au Hombu pour un nouveau cours avec Hatsumi *sensei*. Nous sommes environ une douzaine de personnes à suivre le cours. *Sensei* s'est promené pour nous corriger et s'assurer que nous comprenions bien ce qu'il voulait nous montrer. Pas de calligraphie, une pause très courte, *sensei* avait l'air drôlement en forme. Nouvelle façon de manier la *naginata*, avec le *feeling kunoichi*. Chose devenue rare sur un cours de *sensei*, on avait assez de place pour faire du *naginata* (entre autres).

Le samedi matin débute avec un cours de Seno *sensei* à 11 h. Nous n'avons vu que deux techniques, mais wow, quel point de vue ! Il nous a fait voir sous un angle différent des techniques que je connaissais depuis longtemps, mais que je n'avais jamais perçues de cette façon. Mettez-moi dix cours comme ça chaque semaine et je les prends tous. On a ensuite continué avec Oguri *sensei* en après-midi, et il ne nous a pas déçues. J'oublie un ou deux cours, mais ça donne une bonne idée de notre entraînement lors de notre séjour au Japon.

Le dernier dimanche est consacré au ménage du dojo. Plus d'une trentaine de personnes procédaient au grand ménage annuel du dojo. Les *shihan* japonais d'aujourd'hui et les anciens du dojo étaient tous présents au grand ménage. Tout y a passé, des poutres du plafond, en passant par le nettoyage individuel de chaque *tatami*. Le dojo a complètement été vidé de son contenu. On a tout sorti dehors dans la rue, chaque pièce de l'autel a été frottée avec attention. Chaque arme a eu droit à un nettoyage, du couteau en bois au *bisento,* sans oublier aucune arme, vraiment tout a été nettoyé. Chaque fluorescent a été enlevé de son boîtier, nettoyé individuellement et replacé. Et tout ça, c'est sans oublier les appareils de chauffage et d'aération qui ont été ouverts et dans plusieurs cas démontés.

Naturellement, comme il y a pas mal d'entraînement et souvent peu de sommeil, la fatigue fait partie du contrat. Mais malgré tout, chaque Daikomyosai demeure un événement incontournable pour celui qui désire progresser dans notre art martial.

L'orientation
Bujinkan Québec

18 décembre 2006

Lorsque l'on dirige une école d'art martial, on doit faire des choix dans le style d'enseignement que l'école dispense. Malheureusement, ces décisions ne pourront jamais plaire à tout le monde et c'est tout à fait normal et humain. Mais peu importe le choix que l'on fait, chaque décision doit être justifiable et justifiée. Chaque décision doit avoir sa raison d'être.

J'ai eu une discussion avec un ami ceinture noire qui disait que le volet sécurité ne l'intéressait pas du tout, considérant même cet aspect comme une perte de temps. Pourtant, notre art martial est l'un des plus efficaces en autodéfense. Hatsumi *sensei* a tellement insisté sur la faculté à survivre que nous apporte notre art martial. Cette ceinture noire préconise surtout l'instruction orientée vers l'étude intellectuelle des techniques et des *ryu* que compose notre riche héritage martial. Une progression des étudiants basée surtout sur la pratique mécanique des *kata* ne pourra l'amener à être un combattant efficace en situation réelle. Quelques heures d'entraînement par semaine ne suffisent pas si on centre l'entraînement sur l'étude des *kata*. Hatsumi *sensei* nous répète depuis plusieurs années qu'il ne faut pas demeurer prisonnier de la technique, qu'il faut devenir la technique.

Chaque année nous avons un thème dans le *Bujinkan*. Plusieurs écoles choisissent de mettre l'accent sur le thème de l'année. Oui, pour des ceintures noires possédant une base solide, le travail du thème devient des plus intéressants. Mais pour former une ceinture noire qui soit compétente, il faut que la base soit solide. Il ne faut pas que cette base change d'année en année. Comme chaque thème annuel repose sur des bases légèrement différentes, l'étude approfondie du thème de l'année est un bon exercice pour des ceintures noires avancées, mais pas pour des débutants. Notre base commune à toutes les écoles est le *taijutsu*, soit notre habilitée à bouger. Lorsque cette habileté est acquise, alors là on peut se permettre diverses variations.

Personnellement, si je regarde le nombre de mes étudiants et étudiantes qui ont été agressés et qui s'en sont sortis indemne dans la rue, je considère ce volet comme important. J'ai eu plusieurs étudiants qui ont même été agressés au couteau et contre diverses agressions. J'aurais du mal à enseigner un art martial en sachant que mes étudiants sont incompétents en situation réelle. Je ne suis pas sûr que je pourrais vivre la conscience tranquille en sachant que je ne fais pas tout ce qui est nécessaire à la survie de mes étudiants. Nous pratiquons un art martial, un art guerrier. On peut étudier un art guerrier ou le pratiquer.

Le choix des techniques

Il existe différentes façons d'enseigner et de pratiquer les *kihon happo*. J'ai personnellement décidé d'enseigner ceux que nous avons, car je considère qu'ils contribuent davantage à l'amélioration en général des capacités de l'étudiant. Malheureusement, envers de la médaille, les *kihon happo* que j'ai retenu sont plus difficiles à maîtriser. La plupart des écoles choisissent des formes plus basiques permettant une passation des degrés plus rapidement.

J'insiste moins pour les débutants sur la mémorisation par cœur des techniques. Je préfère développer leur façon de bouger, de réagir à une attaque et de s'adapter à diverses situations plutôt que de les obliger à collectionner les techniques. Lorsque la base est suffisamment forte pour que tous les mouvements sortent naturels, alors on peut travailler le volet collection. Malheureusement, cette façon de procéder rend plus longue l'acquisition d'une ceinture noire. Mais le résultat en vaut la peine.

Prenez un bon danseur de ballet jazz. Il pourra vous faire les techniques mieux que quiconque dans un court laps de temps. Il est habitué de mémoriser des chorégraphies. En un an ou deux, il pourra refaire avec dextérité la plupart des *kata* que nous possédons. Mais malgré cette faculté à reproduire les techniques, il ne pourra probablement pas se défendre dans la rue contre une agression simple.

La plupart de nos étudiants sont des gens qui sont occupés, que ce soit par le travail, les études ou la famille. Ce n'est pas tout le monde qui peut consacrer beaucoup de temps à l'étude d'un art martial. Ça fait partie de notre réalité moderne. Il faut donc maximiser le peu de temps que l'on consacre à notre art martial. Il ne faut pas le perdre dans le nombre incroyable de techniques qu'il y a dans les neuf *ryu* composant notre art martial. C'est pour cette raison qu'Hatsumi *sensei* nous a donné le *ten chi jin ryaku no maki*.

Comme objectif, le but de notre école n'est pas de former des ceintures noires en quantité, mais d'initier les gens au plaisir de pratiquer un art martial et d'acquérir des compétences réelles qui seront présentent pour le reste de leur vie. En vieillissant, on peut augmenter ses habilitées, mais la mémoire a tendance à diminuer, alors pourquoi ne pas miser sur ses habilitées ?

Demandez à la plupart des *shihan* japonais quel est le nom de tel ou tel *kata*, et ils ne seront pas en mesure de vous le dire. Par contre, leur déplacement, leurs habiletés à réagir à diverses attaques sont toujours au rendez-vous.

Si vous avez des questions sur l'orientation de notre dojo, il me fera toujours plaisir de vous répondre.

La course au degré

18 décembre 2006

La progression des étudiants varie beaucoup d'un style d'arts martiaux à un autre. D'un point de vue marketing, les étudiants devraient passer une ceinture aux trois mois afin de garder leur motivation à un niveau plus élevé, s'assurant ainsi d'un taux de renouvellement plus soutenu. Malheureusement le marketing et moi ne faisons pas toujours bon ménage.

En respectant ce principe de marketing, le passage jusqu'à la ceinture noire se fait ainsi plus rapidement. Après la ceinture noire, la vitesse de croisière diminue rapidement dans la plupart des styles. Ces derniers utilisent un système de dix degrés. Il est fréquent de voir des styles limitant la progression des degrés par le nombre des années. Entre le premier dan et le second, un délai de deux ans minimum est nécessaire. Entre le deuxième et le troisième, un délai minimum de trois ans est observé et ainsi de suite.

Dans le Bujinikan il en va tout autrement. Avant la ceinture noire, on utilise un système de *kyu* échelonné de neuf à un. Après la noire, notre système est basé sur un échelon de quinze degrés. Les dix premiers échelons sont des *dan* et on enchaîne ensuite avec des degrés appelés *chigyô*, *suigyô*, *kagyô*, *fugyô* et *kugyô*, soit l'étude des éléments terre, eau, feu, vent et vide. Les cinq derniers degrés reliés aux éléments se sont rapidement transformés en 11, 12, 13, 14 et 15ième *dan*.

Ce système est basé sur l'idée que traditionnellement, au Japon, un jeune homme qui atteignait sa quinzième année d'existence était prêt pour les champs de bataille. Je ne suis pas sûr que de nos jours nous ayons autant de temps à consacrer à l'entraînement qu'en avaient les adolescents japonais à l'époque féodale du Japon. Plusieurs écoles du *Bujinkan* font donc progresser rapidement leurs étudiants en fonction de ce raisonnement. Il faut également comprendre que dans le *Bujinkan* lorsqu'on obtient un grade, on ne vaut pas nécessairement ce grade. On donne ce grade en laissant la responsabilité à l'étudiant de le mériter et d'obtenir les connaissances nécessaires que suggère ce nouveau grade. C'est la responsabilité de l'étudiant de valoir ce degré.

Dans notre dojo on ne suit pas ce principe de donner un degré par année après la noire. Il faut vraiment que la personne qui désire obtenir son nouveau grade ait fait un minimum d'heures d'entraînement et de pratique. Il faut également qu'il y ait amélioration évidente dans sa façon de travailler, de bouger et de compréhension de notre art martial.

Pratiquer un art martial ne se limite pas à simplement mémoriser un certain nombre de techniques afin de pouvoir les reproduire le plus fidèlement possible. Pratiquer un art martial c'est apprendre à réagir efficacement tant avec le corps qu'avec l'esprit. Les meilleurs outils pour arriver à ce résultat : le temps et l'entraînement.

On peut faire des arts martiaux pour diverses raisons et chacune des raisons est justifiable et ne peut être discutable, c'est une question de choix personnel. On peut choisir de faire des arts martiaux pour l'illumination spirituelle en choisissant de bannir tout ce qui touche à la défense en situation réelle.

Souhait pour 2007

31 décembre 2006

Personnellement, je ne suis pas porté à souhaiter une bonne année aux gens. Faire des souhaits, c'est demander à la chance de faire le travail à notre place. L'année sera bonne en fonction des efforts qu'on y mettra.

Si je vous souhaite la santé, c'est espérer que tout aille bien sans effort. La seule chose que l'on peut espérer de ce côté, c'est de vous prendre en main et de mener une vie saine tant du côté alimentation que du côté santé mentale. Empiffrez-vous de croustilles, de MacDo, d'alcool, fumez votre paquet de cigarettes par jour, et les souhaits que l'on vous aura faits ne seront qu'énergie gaspillée inutilement.

Psychologiquement, gardez pour vous toutes vos peurs, vos doutes, vos revendications envers quelqu'un sans lui en parler et de nouveau, les souhaits que l'on peut vous faire deviennent de l'énergie perdue. Réglez vos problèmes avec les gens, si vous avez quelque chose contre quelqu'un, ne lui parlez pas dans le dos, allez régler cela avec lui et vous verrez que la santé ne s'en portera que mieux. Cessez de fuir vos problèmes et apprenez à les affronter, vous verrez que votre niveau d'énergie montera rapidement.

On vous souhaite la santé alors que vous passez vos soirées devant l'ordinateur ou la télévision, encore de l'énergie de perdue. Faites de l'exercice, allez faire une marche rapide, ça ne coûte rien. Cessez de vous plaindre que vous êtes fatigué et bougez un peu. Vous finirez probablement par avoir un effet de contagion sur votre entourage.

On vous souhaite le bonheur, alors mettez-vous en harmonie avec tous ceux qui vous entourent, la famille, les amis, les collègues de travail. Apprenez à faire le premier pas, à laisser l'orgueil de côté et vous verrez que le bonheur se montrera le bout du nez plus souvent. Apprendre à communiquer avec les autres et à laisser votre égo de côté lorsque nécessaire fait partie du bonheur. N'oubliez pas que pour un *ninja*, la famille est importante.

On vous souhaite beaucoup d'amour. Comment espérer que les gens vous aiment si vous ne vous aimez pas vous-même ? Apprenez à vous prendre en main, à vous connaître, à vous respecter vous-même et à respecter les autres.

On vous souhaite de la richesse. N'attendez pas Loto-Québec pour réaliser ce souhait. Prenez-vous en main, allez chercher la formation nécessaire si vous désirez obtenir l'emploi qui vous intéresse. Le plus gros obstacle à la réussite de cette quête est généralement la paresse.

Bref, comme souhait pour le Nouvel An, je ne vous en souhaiterai qu'un seul : prenez-vous en main.

Gambatte kudasai

2004

Kihon et *kata*

5 janvier 2004

Lorsqu'on étudie les arts martiaux, divers outils s'offrent à nous afin de faciliter notre apprentissage. L'outil le plus connu et le plus utilisé dans la plupart des styles d'arts martiaux est sans contredit le *kata*. *Kata* peut se traduire par « forme » ou encore « moule ». C'est un principe qui permet de transmettre des techniques de façon robotisée. Le but premier du *kata* est d'enseigner une technique et non de l'adapter. C'est la mémoire d'un art martial. Un peu à l'image d'une photo, le *kata* est une reproduction figée de la technique. Par le biais des *kata*, l'étudiant peut apprendre diverses techniques. La plupart des arts martiaux se perpétuent de génération en génération par l'étude des *kata*.

Les *kihon* sont différents des *kata*. Leur travail n'est pas de nous apprendre comment faire une technique, mais de nous enseigner comment bouger. On peut traduire *kihon* par l'origine du *ki* (énergie). Si le *kata* est présent dans presque tous les styles d'arts martiaux, on ne peut pas en dire autant du *kihon*. La plupart des arts martiaux se contentent d'imiter le professeur, tradition qui se perpétue depuis le début du style. Nous avons la chance, en *ninjutsu*, d'échapper à cette boucle sans fin. Le *kihon* nous permet de développer nos aptitudes naturelles à bouger. Il nous permet de développer notre style en fonction de notre morphologie, de notre tempérament et de nos émotions du moment. Contrairement au *kata*, le *kihon* requiert notre habileté et non notre mémoire. De plus, si vous regardez dix ceintures noires effectuer un *kata*, vous verrez probablement 10 fois le même *kata*, alors que si vous les regardez faire un *kihon*, vous aurez l'impression qu'il y a 10 façons différentes de bouger.

Un état d'esprit

Pratiquer les arts martiaux exige beaucoup plus que de simplement imiter le professeur. La première étape devrait toujours être axée sur le mouvement. Comment je bouge, de quelle façon j'effectue mes transferts de poids, est-ce que je suis fluide ? Apprendre à bouger est une chose, mais bouger en fonction de l'adversaire en est une autre. Le *ninjutsu* nous permet de nous adapter face à des attaques qu'on n'a jamais pratiquées. Cette particularité nous est donnée par l'entremise des *kihon*. Dans la plupart des arts martiaux, si l'attaquant change d'angle ou de vitesse dans sa frappe, le défenseur se retrouve souvent perturbé, déstabilisé. Il faut apprendre à bouger, mais en fonction de la distance de l'adversaire, de son angle, de sa puissance de frappe et même de sa grandeur et de ses émotions.

Pour bien bouger dans ces conditions, on doit se connecter à l'adversaire. On se bat avec un adversaire et non contre lui. Tel est l'esprit du *kihon*. Jumelé à l'apprentissage du *juppo sessho*, le *kihon* nous permet de développer une habileté martiale sans la nécessité de posséder une multitude de *kata*. Le *kata* a la fâcheuse tendance à nous emprisonner, à nous laisser entraver par notre mémoire. Le *kihon* doit pouvoir se faire en toute liberté, sans entrave intellectuelle.

Le *hanbo*

12 janvier 2004

Tous les arts martiaux pratiquent le *bo*, qui est un bâton d'environ 6 pieds. Le *ninjutsu* est un des rares arts martiaux à travailler le *hanbo*. En français *han* se traduit par « demi », donc, un demi *bo*. Le réflexe naturel chez la plupart des gens est d'utiliser le bâton un peu à la façon d'un bâton de baseball. Cette manière de faire permet certes une frappe puissante, mais elle diminue la vitesse d'enchaînement et ne permet pas de bloquer des attaques efficacement.

Oui le *hanbo* est utilisé pour frapper. Mais il trouve toute sa puissance dans sa façon particulière de bloquer et surtout de rediriger toutes sortes d'attaques. Il est terriblement efficace pour faire des clés, car sa faible longueur permet de le manœuvrer aisément dans des endroits restreints. Traditionnellement, le *hanbo* pouvait également servir de bâton de marche, une variation d'une canne moderne. Sous cette forme, le *hanbo* est une arme que l'on peut emporter partout.

Pas si simple que ça

Qui dit bâton, dit système de levier. La plupart des gens n'ont pas le sens naturel d'utiliser un levier. Ils n'ont pas la notion de point d'appui. Ces principes simples de physique sont essentiels pour une bonne maîtrise de l'arme. Il faut apprendre à utiliser la longueur de levier qui soit le plus efficace possible pour multiplier la force de celui qui l'utilise. Le *hanbo* est également un excellent outil pour apprendre à bien bouger avec son corps. Le *hanbo* n'a pas vraiment d'efficacité réelle si on n'utilise que les bras. La puissance des jambes et des hanches est nécessaire.

Comme toutes les armes, on ne commence à les apprécier vraiment que lorsqu'on acquiert une certaine maîtrise de celles-ci. Des exercices simples, comme reculer en *ichimonji* en bloquant dans le vide, partir de *shizen* et aller frapper à différents niveaux en pratiquant ses *kamae*, permettent d'acquérir rapidement la fluidité nécessaire dans les déplacements.

Étude des *kamae*

19 janvier 2004

Par plusieurs aspects, les *kamae* sont différents des *stances* ou des positions utilisées par la plupart des arts martiaux. Lorsque l'on apprend les *kamae*, la position est généralement la même pour tous les pratiquants. Plus l'étudiant avance dans notre art, plus son *kamae* devient personnalisé. Oui, il devient personnalisé, mais les idées et les principes que le *kamae* possède doivent toujours être présents. Alors qu'une position ou un *stance* est statique, dans la mesure où on prend une position prédéterminée pour un type d'attaque également prédéterminé. Ça devient donc quelque chose qui est robotisé plutôt qu'un outil basé sur les besoins réels du moment. Si les émotions diffèrent de l'intellect, une confusion peut s'emparer du pratiquant et cette petite hésitation peut faire toute la différence entre une défaite et la victoire.

Plus qu'une simple position du corps

Le *kamae* est une manifestation du corps, basé sur l'état d'esprit du moment. Il est basé également sur la nécessité, sur le désir de survie. Le *kamae* s'utilise selon les besoins du moment. Il est intimement lié à l'état émotionnel du moment. Un *kamae* est quelque chose qui ne dure pas très longtemps. C'est quelque chose qui est en mouvement, qui n'est qu'une transition. Le *kamae* permet d'enchaîner rapidement de différentes façons, dans différentes directions, offrant toute une variété de possibilités. Le *kamae* adopte le rythme du combat.

Les *kamae* ont été développés pour offrir le plus large éventail possible de déplacements et de contre-techniques. Avec un minimum de pratique, l'utilisation des *kamae* en combat se fait de façon naturelle. L'utilisation adéquate des *kamae* peut complètement changer le dénouement d'un combat.

Kusari fundo

26 janvier 2004

Une des armes les plus dévastatrices utilisées en *ninjutsu Togakure* est la chaîne courte avec des pesées aux extrémités. Connue en *ninjutsu* sous le nom de *Kusarifundo* (traduisible par : chaîne avec des poids aux extrémités), elle porte le nom de *Manriki-kusari* (chaîne aux mille pouvoirs), lorsqu'utilisée par les samouraïs. Cette arme était conçue principalement pour contrer les sabres, arme première des samouraïs.

Une des théories concernant l'origine cette arme veut que, comme plusieurs des armes utilisées par les *ninjas*, le *kusarifundo* ait été développé à partir de débris trouvés sur les champs de bataille ou à des endroits où de tels objets se trouvaient déjà. Une courte section de corde ou de chaîne devenait, dans les mains du *ninja,* une arme improvisée de premier ordre.

Le *kusarifundo* traditionnel est une arme d'une élégante simplicité. Une section de chaîne légère accouplée à des pesées à chaque bout. Idéalement, la masse de chaque poids égale la masse de la chaîne. Si la chaîne pèse 2 onces, chaque poids doit donc peser 2 onces pour un total de 6 onces. La proportion des pesées est plus importante que le poids total utilisé. Les poids doivent être suffisamment pesants pour avoir le contrôle de la chaîne en mouvement, mais en même temps, lorsque l'on frappe avec les poids, ils doivent être suffisamment légers pour être guidés par le poids de la chaîne.

Pour un *taijutsu* moderne

De nos jours, beaucoup d'objets familiers peuvent servir de *kusarifundo*. Une ceinture, une bandoulière de sac à main ou de caméra (l'arme prendra alors le nom de *kusari* Nikkon), un cordon de téléphone, un bout de corde, seule notre imagination nous limites. Pour l'entraînement, on utilise généralement une corde avec des nœuds aux extrémités. Ces « jouets » peuvent causer beaucoup de douleur dans les mains d'un expert. On peut toujours viser les yeux lorsque l'on se sert de la corde dans un combat réel.

Une des différences majeures entre le *ninjutsu* et les autres arts martiaux, réside dans le fait qu'en *ninjutsu*, ce sont les mêmes mouvements avec ou sans armes. Le noyau du *ninjutsu*, le *taijutsu*, est l'art d'utiliser le poids de son corps pour développer une puissance maximale dans les techniques. Dans les frappes, le poids et la vitesse du corps sont concentrés derrière le poing provoquant une force de frappe supérieure aux autres techniques. Si l'on met une arme dans les mains d'un pratiquant *ninja*, c'est la même « impulsion » et généralement le même déplacement qui seront utilisés. L'arme ne fait que donner plus de portée à son utilisateur. Avec ou sans arme, le déplacement et la dynamique du corps sont les mêmes. Le *ninja* n'a pas besoin de retravailler de nouvelles bases à chaque arme différente.

« *Lorsque l'on utilise le kusari pour agripper l'adversaire, le corps doit contrôler l'arme, non les bras. Le kusari n'est pas utilisé pour bloquer l'attaque de l'agresseur : à la place, on capture ou on redirige l'attaque en suivant le mouvement du corps. La différence est critique. Si la chaîne est maintenue statiquement contre un coup de pied ou un coup de poing, la défense est vouée à l'échec. La chaîne doit de préférence attaquer le membre ou l'arme, l'endommager et rediriger l'attaque loin du défendeur.* »

Tiré d'un article de Dr R. Kelly Hill Jr, chef instructeur du *Bujinkan* dojo de Houston.

Masaki *Ryu*

Cette arme nous vient de l'école Masaki qui fut à son époque un redoutable et fameux samouraï. L'histoire vaut d'être contée, car elle explique parfaitement l'intérêt de cet instrument qui, a priori, n'avait pas une vocation défensive.

Le samouraï Masaki était responsable à l'époque de la garde du château d'Edo près de Tokyo et il se doutait bien que de nombreux brigands chercheraient à pénétrer dans les lieux par tous les moyens, ce qui impliquait évidemment l'usage des sabres pour forcer l'entrée. Pour le responsable du château, cette hypothèse était invraisemblable, car il était hors de question que des combats sanglants viennent souiller l'entrée de la noble demeure. Il réfléchit donc au type d'arme à employer afin d'assurer la défense du bâtiment en évitant de la profaner. Il lui vint alors l'idée d'employer une chaîne contre un adversaire non armé, mais aussi contre un assaillant armé d'un bâton, d'un sabre ou de toute autre arme. Naquirent ainsi plusieurs formes de chaînes terminées à chaque extrémité d'un poids qui permettait d'équilibrer l'arme en la faisant s'enrouler autour du bras ou de la tête de l'adversaire. Lorsque l'on sait que *manriki-gusari* signifie « La chaîne aux mille pouvoirs », on comprend que Masaki avait su en rendre, à l'époque, l'utilisation très efficace. Hélas, aujourd'hui, sa pratique est tombée dans la désuétude et ne subsiste qu'à l'état de témoin du lointain *Kobudo*.

Le *kusari* était retenu dans la main par l'un des poids, avec les trois derniers doigts, tandis que la chaîne pendait à l'extérieur de la main en passant derrière l'index. La prise de l'arme était alors solide et on pouvait en replier le reste dans la main, grâce au pouce qui retenait le reste de la chaîne dans la main, le second poids étant bloqué par l'index qui se repliait dessus. Cette prise du *kusari* dans la main permettait de le masquer devant un agresseur éventuel ; on pouvait aussi immobiliser les poignets de l'adversaire qui tentait de saisir la chaîne tendue devant lui. La plupart de nos techniques de *kusarifundo* viennent d'un *ryu* qui s'appelle Masaaki *ryu*. Il est à noter que ce *ryu* ne vient pas de Masaaki Hatsumi

Les points de pression

5 février 2004

Le thème de cette semaine est le *kosshi jutsu*. À la base, le *kosshi jutsu* est l'utilisation de techniques de frappe sur les points douloureux ou sur les attaches musculaires. La plupart du temps, et ce, dans tous les arts martiaux traditionnels, l'utilisation de ces points de pressions est présente dans les techniques. Malheureusement, ou plutôt heureusement, les techniques sont généralement camouflées de façon à ce que l'étudiant qui n'est pas prêt pour ce niveau ne puisse pas voir ces techniques. Nous n'aborderons cependant pas les points vitaux, nous nous en tiendrons aux points de pression qui affectent les nerfs et le système nerveux en général.

À quoi servent ces techniques ?

On peut utiliser ces points de pression de multiples façons. Certains points s'utilisent avec une pression minimale du bout des doigts. La douleur engendrée par ce type d'utilisation est généralement si forte que celui qui la subit est prêt à obéir pour que cette douleur cesse. On utilise beaucoup ce principe dans le domaine policier pour prendre le contrôle physique d'un individu récalcitrant. La douleur occasionnée est telle qu'elle amène parfois chez certaines personnes une perte de conscience momentanée, perte de conscience qui est cependant sans gravité. Ce n'est qu'un réflexe de survie du corps.

Une autre utilisation de ces points consiste en diverses techniques de frappe à des endroits bien déterminés. Elles ont pour effet de créer une dysfonction motrice temporaire, rendant inutilisable le membre frappé durant un court instant. Qui ne s'est jamais cogné le coude contre un meuble ? Durant plusieurs secondes le bras demeure inutilisable. Dans bien des cas, cette utilisation amène, par réflexe sympathique, une dysfonction des autres membres.

Certains points ne sont pas du tout douloureux. Ils amènent cependant l'adversaire en situation de déséquilibre, permettant une reprise de contrôle. Ces points peuvent aussi servir à repousser une attaque, à faire passer un attaquant d'offensif à défensif.

La connaissance des points de pression est une manière efficace de contrebalancer la force physique supérieure d'un adversaire. Il faut cependant se rappeler que ce ne sont pas tous les points de pression qui fonctionnent sur un adversaire et qu'être un bon art martialiste, c'est pouvoir enchaîner avec autre chose lorsque la technique que l'on veut faire ne fonctionne pas.

Les sauts

9 février 2004

Notre style d'art martial est différent des autres styles, et ce, de bien des façons. Une de ses particularités bien distinctives est l'utilisation des sauts dans les techniques de combats. Classé sous l'appellation de *Shi-ho ten-chi tobi*, on y retrouve des sauts avants (*zenpo tobi*) des sauts de droite à gauche (*uo tobi et sao tobi),* des sauts en hauteur (*ten*) et des sauts, ou devrait-on dire des fuites vers le sol (*chi*).

Ces déplacements sont rapides et permettent de couvrir une distance qui est sécuritaire, dans le cas d'une action défensive et une distance qui nous mène rapidement à l'endroit idéal pour une attaque efficace, dans le cas d'une action offensive. La plupart des arts martiaux ne sont pas adaptés contre un adversaire qui utilise les techniques de saut dans sa défense, ce qui concède un avantage stratégique important lors d'une confrontation.

De multiples utilisations

On peut utiliser des sauts pour faire passer un adversaire d'offensif à défensif. On peut esquiver diverses attaques grâce aux sauts. On peut utiliser des sauts pour se dégager d'une emprise. En utilisant adéquatement la répartition du poids du corps lors d'un saut, on peut transformer la saisie au collet d'un adversaire en une technique de projection, capable de jeter un adversaire contre un mur ou tout autre obstacle. On peut utiliser son corps comme contrepoids.

Il faut cependant faire attention au moment de vulnérabilité de chaque saut. En effet, lorsqu'on se trouve dans les airs, il devient difficile de varier sa trajectoire, de se stabiliser. Il faut donc être très précis dans l'utilisation des sauts, précis dans la trajectoire, la hauteur et dans le *timing*. On peut souvent voir, dans les arts martiaux sportifs, des personnes qui sautillent continuellement. Il devient très facile de *timer* ces personnes et d'exploiter leur vulnérabilité lorsqu'elles sont dans les airs.

Combinés à diverses techniques de frappes, les sauts deviennent un atout stratégique important dans l'action offensive. Bien utilisés, on peut accroître la puissance de certains types de frappes. Mais attention, si l'adversaire connaît les contre-techniques, cette utilisation peut se révéler dangereuse.

Apprendre à bien bouger

11 février 2004

« Tu bouges comme une guenon enceinte », disait Chun dans *Remo Williams, sans arme et dangereux*. Bien bouger est essentiel pour un art martialiste. Malheureusement, dans la plupart des arts martiaux, apprendre à bien bouger ne semble pas une priorité.

Pour bien bouger, l'art martialiste doit adapter ses déplacements en fonction de la capacité physique de son corps, de ses émotions du moment ainsi que de l'expérience qu'il a acquise au fil des années. Tout ceci sous-entend donc que le pratiquant ne devrait jamais essayer de copier avec exactitude les mouvements de son professeur.

Plusieurs facteurs interviennent dans notre façon de bouger. La grandeur est un premier facteur important. Si notre adversaire est beaucoup plus petit que nous, nous devrons alors faire des déplacements qui sont plus courts, plus fermés. Si au contraire l'adversaire est beaucoup plus grand, est-ce qu'il est possible de faire une enjambée suffisamment longue pour faire la technique ? Est-il nécessaire de faire deux pas au lieu d'un seul ? De quelle façon cet état de fait nous oblige-t-il à modifier nos angles de déplacements ?

Un second facteur important est la fluidité dans les mouvements. Ne pas confondre ici avec la souplesse articulaire permettant de faire le grand écart qui, le plus souvent, n'a pas vraiment rapport avec les arts martiaux. La fluidité de mouvement permet de s'adapter rapidement aux mouvements de l'adversaire. Des muscles tendus ne permettent pas de réagir rapidement. Il faut relâcher la tension pour réutiliser les muscles en sens inverse. La fluidité de mouvement permet d'utiliser l'énergie de départ d'une clé et de devancer la mécanique de la clé pour la changer à notre avantage. Un bras tendu ne peut effectuer cette manœuvre, la tension ralentit trop le mouvement.

Naturellement, on ne peut passer à côté du *timing*. Le corps compense un mauvais *timing* par de la vitesse. Cette tentative d'adaptation se traduit généralement par des mouvements saccadés et désordonnés.

Le mouvement dans la technique

La technique est essentielle à l'art martialiste. Elle permet de savoir quoi faire et comment réagir dans différentes situations. La technique a pour but de nous faire comprendre les différentes possibilités mécaniques du corps pour réagir à diverses situations. C'est grâce à la technique que l'on a appris à faire des clés de bras, à bloquer des coups de poing et de pied, à contrôler un adversaire récalcitrant, à arrêter la lame du couteau qui se dirige vers notre gorge, à éviter la lame d'un sabre.

Maintenant que vous avez appris les pas de danse, ça ne fait pas de vous un danseur émérite. La prochaine étape consiste à apprendre au corps à bouger de façon harmonieuse. Il faut apprendre à composer avec le rythme de l'attaque, à s'adapter aux angles imprévus qui sont souvent très différents de ce que l'on a appris dans la technique. Il faut également apprendre à utiliser ses émotions du moment et ne pas se contenter d'apprendre à les contrôler, à les refouler. Il faut les exploiter.

On ne se bat pas contre un adversaire, mais avec un adversaire

Le manque d'assurance et d'expérience fait en sorte que, les premières années où l'on pratique des arts martiaux, on a tendance à faire de grands déplacements. Est-ce qu'à soixante-dix ans, on pourra encore faire des déplacements aussi grands, aussi énergivores ? Il faut apprendre à économiser ses énergies lors des déplacements, sans cependant négliger notre sécurité dans l'action.

Pour ceux et celles qui ont eu la chance de voir un maître comme Hatsumi *sensei* à l'œuvre, il est difficile de ne pas mettre l'accent sur les déplacements. Hatsumi *sensei* semble toujours se déplacer lentement, mais il n'est jamais en retard pour effectuer une technique ou bloquer un poing qui se dirige rapidement contre lui. Ses mouvements sont toujours en parfaite harmonie avec ceux de l'adversaire. Bien bouger sous-entend une connexion totale avec l'adversaire.

La plupart des gens ont tendance à vouloir bouger rapidement pour se synchroniser à la vitesse de l'adversaire. On n'a pas besoin d'être aussi vite que lui, on a simplement qu'à s'adapter à son rythme. On peut assimiler ce principe à l'exemple suivant : quand un adulte marche avec un petit enfant, ils ne font pas le même nombre de pas, mais ils avancent à la même vitesse.

Ce qu'ont à nous apprendre les techniques

26 février 2004

Cette semaine nous porterons particulièrement notre attention sur un *kata* qui se nomme *osoto gake*. En japonais *soto* veut dire « extérieur » et *gake* désigne « une falaise ». On doit donc partir du principe que l'on s'attaque à quelque chose de stable, de lourd. On doit prendre comme acquis que la falaise est toujours plus imposante que soi. Le seul moyen de faire écrouler une falaise dans la réalité est de déposer des charges explosives dans des endroits stratégiques, ce qui exige de la précision sur l'emplacement des charges et un calcul de la puissance de la charge qui ne laisse pas de place à l'erreur.

Cette même précision est exigée pour jeter un adversaire au sol à l'aide de cette technique. Où et comment placer la jambe pour déséquilibrer l'adversaire. Où appuyer pour créer une contre-pression permettant d'envoyer au sol une masse beaucoup plus grande que la nôtre.

Avoir du doigté

Il est facile d'utiliser sa force physique contre un adversaire plus petit et léger que soi. Mais le but des arts martiaux est de vaincre des adversaires plus puissants. Pour arriver à cette fin, il faut que notre corps développe toutes sortes d'habiletés. Apprendre à sentir les points de déséquilibre chez l'adversaire et chez soi-même. Apprendre à créer ces déséquilibres du bout des doigts en appuyant au bon endroit. Développer les habiletés à utiliser pleinement le poids de son corps pour déséquilibrer physiquement et émotionnellement l'adversaire. *Osoto gake* est un excellent *kata* pour nous apprendre tout ça. Il exige de briser l'alignement des os de l'adversaire pour créer un déséquilibre. Il nous apprend à utiliser les points de pressions pour manœuvrer le corps de l'adversaire. Enfin, il nous apprend à prendre conscience de nos propres pertes d'équilibres. La maîtrise d'*osoto gake* nous permet de gravir un échelon de plus dans la compréhension du *ninjutsu*.

Kihon happo : une école pour la vie

22 mars 2004

Les *kihon happo* nous offrent un univers martial passionnant. À eux seuls, ils contiennent tout ce qu'il faut pour nous enseigner le *taijutsu*. Presque toutes les fois où je retravaille les *kihon happo* en profondeur, je découvre de nouvelles choses. De nouvelles façons d'exécuter une technique, de nouvelles manières de bouger et même de nouvelles manières de penser.

La pire erreur à faire est de croire que l'on connaît tout ce que le *kihon happo* peut nous enseigner. C'est d'avoir un égo démesuré que de penser de cette manière.

Ura gyaku

Nous avons vu, la semaine dernière, *omote gyaku* et toutes les subtilités qui s'y rattachent. J'ai été enchanté du travail qu'ont fait les étudiants sur ce *kihon happo*. Trop souvent, les pratiquants d'arts martiaux se lassent après quinze minutes de pratique d'une même technique. Nous avons passé beaucoup de temps sur *omote* sans que personne ne relâche son attention. C'est un signe évident de maturité martiale.

Comme *omote, ura gyaku* doit d'abord se travailler à partir des jambes. Ce sont elles qui fournissent la puissance permettant d'effectuer la majeure partie du travail. *Ura gyaku* nous permet également un travail d'exploration intéressant sur le positionnement des mains. À partir de ce contact, quelles informations peut-on utiliser dans l'application de la technique ? Que nous dit ce contact, de quelle façon doit-on positionner notre corps à partir de ce contact ? L'étude des *kihon happo* est une occasion de comprendre l'importance de toutes ces questions.

Les *kihon happo* sont le reflet, ou devrait-on dire la référence à un nombre impressionnant de principes pouvant nous permettre de créer diverses techniques. Si les *kihon happo* sont bien exécutés, il y a de fortes chances que les techniques que l'on utilisera en situation réelle fonctionneront bien.

Kihon happo hicho

29 mars 2004

Hicho peut se traduire par « s'envoler comme un oiseau ». On peut utiliser ce *kamae* pour plusieurs raisons. On peut simplement avoir besoin d'enlever la jambe avant afin d'éviter l'attaque d'un sabre ou un balayage. On peut également décider de soulever la jambe, simplement pour effectuer un déplacement rapide et imprévu.

Mais peu importe la raison pour laquelle on enlève la jambe, la façon de l'enlever doit être fluide afin d'être rapide. *Hicho* demande une bonne maîtrise du centre *hara*. Un bon sens de l'équilibre.

Ce que nous offre *hicho*

Hicho est cependant bien plus complexe et surtout beaucoup plus pratique qu'il n'y paraît à première vue. Ce *kamae* autorise des frappes puissantes lorsque l'on redépose la jambe au sol. On peut en effet utiliser une plus grande partie de la masse corporelle pour frapper et pour bloquer.

Hicho nous permet également d'élargir notre angle d'attaque. Le fait de partir sur une seule jambe, ça nous autorise à aller dans plus de directions pour attaquer. En mode défensif, lorsqu'on recule en effectuant un *hicho*, la distance parcourue nous permet une absorption plus grande de l'attaque de l'adversaire.

Hicho nous permet donc d'absorber et de bloquer une attaque et d'aller frapper un adversaire avec une énorme énergie. Il nous permet en prime d'utiliser trois de nos membres à la fois pour contrer un adversaire.

Musha dori

5 avril 2004

Cette semaine nous travaillerons le *kihon happo musha dori*. Originaire du *Gyokko Ryu, musha dori* fait partie des *Go Ho no Kata* aussi appelés *Torite Kihon Kata Go Ho*. Le nom est très évocateur : saisir ou capturer le guerrier. *Musha* veut en effet dire « guerrier » (on a qu'à penser au film kagemusha) et *dori* est le verbe *toru* qui veut dire prendre.

Cette clé offre l'avantage de pouvoir s'effectuer à partir d'un nombre impressionnant de techniques. *Musha dori* nous permet de nous sortir de diverses situations embarrassantes. *Musha dori* est une technique dynamique qui offre mobilité et fluidité.

Une technique passe-partout

Personnellement, j'aime *musha dori* parce qu'il permet une certaine mobilité dans l'espace. À partir d'un *musha dori*, on peut utiliser facilement l'attaquant comme bouclier. On peut utiliser son corps comme pivot central pour se cacher derrière lui.

On peut utiliser *musha dori* pour éviter un coup de poing. Il est important de saisir le moment précis où l'attaquant relâche la pression de l'autre bras au moment de sa frappe. *Musha dori* illustre bien l'idée du *juppo sessho* en utilisant particulièrement le déplacement du corps sur un axe vertical. Même si on utilise tout le poids du corps, l'emprise du bras de l'adversaire ne devrait jamais se faire avec notre force physique, afin d'éviter que l'attaquant ne passe en mode défensif. Tout est subtilité dans cette technique.

Ichimonji no *kamae*

12 avril 2004

Les *kamae* sont différents des postures que l'on apprend dans les autres arts martiaux. Mais tout ceci, nous l'avions déjà vu dans le blogue traitant de l'étude des *kamae*.

Nous nous intéresserons davantage ici à *ichimonji*. Ce *kamae* est basé sur l'instinct de préservation, sur la peur, bref sur les émotions défensives. Lorsqu'on a peur ou lorsque l'on sursaute, le réflexe naturel du corps est de reculer et de mettre nos mains entre nous et la source du danger qui nous menace. Les mains sont utilisées pour faire le bouclier entre nous et la menace. La peur nous fait reculer. Un art martialiste qui n'a appris que des techniques pour foncer sur l'adversaire en vient à perdre tous ses moyens lorsque ce dernier est un meilleur combattant que lui. Les années d'automatismes où il a développé cette attitude à gruger du terrain sur l'adversaire l'amène à un état passif lorsqu'il réalise son incapacité à dominer la situation. C'est la défaite.

Une posture stratégique

La plupart des arts martiaux n'enseignent pas de solution de retraite contre un adversaire plus puissant. Ce qui se traduit généralement par la défaite du pratiquant, qu'il soit ceinture noire ou pas. Basé sur la peur et la prudence, *ichimnonji* nous permet de prendre du recul, d'aller chercher une distance sécuritaire par rapport aux attaques de notre adversaire. Cette distance a la particularité de mieux nous faire voir les ouvertures de l'attaquant. En effet, chaque attaque crée une ouverture. Le coup de poing que donne l'adversaire dégage ses côtes, le coup de pied qu'il donne nous permet d'atteindre plus facilement son visage.

Le plus grand secret de l'*ichimonji* est sans aucun doute sa façon particulière de prendre du recul face à un adversaire. En *ichimonji*, on recule en utilisant des angles de 45 degrés. Cette façon de faire oblige un attaquant à casser ou à saccader son enchaînement, contrairement à des attaques linéaires. Le fait de jouer sur les angles nous permet d'exploiter au maximum les ouvertures laissées par l'attaquant. Personnellement, lorsque j'ai à faire du combat avec un karatéka plus jeune et beaucoup plus rapide que moi, j'équilibre les forces grâce au recul *ichimonji*. Le contrôle des angles me permet de dominer la situation avec aisance.

2003

Il ne faut pas sous-estimer la puissance défensive de l'eau

20 octobre 2003

Nous pouvons nous compter chanceux, car notre art martial utilise les quatre éléments. Soit la terre, l'eau, le feu et le vent. Il y a très peu de styles qui ont appris, au fil des années, à maîtriser la puissance de l'eau. L'eau, c'est l'adaptabilité. L'eau, c'est également un puissant outil qui sait quand être défensif afin de mieux revenir à la charge. On peut visualiser l'eau comme étant un mouvement de vague, qui recule afin de mieux infiltrer les faiblesses du roc qu'elle gruge de façon irrémédiable.

Dans un combat, si l'adversaire nous est supérieur, il est difficile de l'attaquer et de se diriger vers la victoire. Cependant, si on apprend à exploiter les failles que laisse chacune de ses attaques, il devient alors possible de gagner contre un adversaire beaucoup plus puissant que nous.

La bonne attitude

Le *kamae* utilisé est l'*ichimonji*. Lorsqu'une attaque arrive sur nous, ce *kamae* nous apprend à reculer en angle afin de laisser passer cette attaque. On peut également en profiter pour affaiblir le bras de l'adversaire en le frappant. Notre corps reste ainsi à distance sécuritaire. C'est la clé de succès de l'*ichimonji* : la distance ainsi créée. On peut reculer plusieurs fois contre plusieurs attaques et réattaquer au moment où la faille est la plus évidente.

Un exercice simple consiste, contre un punch droit par exemple, de reculer en *ichimonji* notre jambe droite en bloquant du bras gauche. Au moment où un deuxième punch arrive, on n'a qu'à mettre notre poing gauche en direction de la figure de l'adversaire. On occupe ainsi son centre, ce qui rend une attaque plus difficile pour lui.

L'*ichimonji* nous apprend non seulement à évaluer rapidement angle et distance, mais il nous apprend également à sentir la pression qu'un adversaire peut exercer sur nous. Pour reculer, on utilisera l'information donnée par le regard, mais surtout cette information plus discrète qu'est la pression qu'un adversaire peut exercer sur notre corps. Pression physique et énergétique.

Naturellement, tout ceci ne se maîtrise pas en l'espace de quelques jours. Il ne faut pas oublier que le *nin* de *ninjutsu* signifie « persévérance ».

Gambatte kudasai

Le vent

4 novembre 2003

Le vent est insaisissable, c'est ce qui fait sa force. Le *ninjutsu* est un art martial complet du fait qu'il utilise les quatre éléments. Certains arts martiaux utilisent le vent, l'*aïkido*, l'*aïkijutsu* et le *ninjutsu* font partie de ces arts martiaux.

L'énergie du vent est une énergie circulaire. C'est également une énergie qui amplifie l'énergie déployée par un adversaire. Plus l'attaquant déploie de l'énergie dans son attaque, plus il devient facile de rediriger cette énergie afin l'utiliser à notre avantage. Le vent n'est surtout pas une énergie linéaire, il faut donc prendre soin de ne pas laisser arrêter l'énergie adverse pour essayer de la repartir ensuite. L'énergie doit rester en mouvement.

Les déplacements

Un des déplacements de base les plus utilisés dans les arts martiaux en général est un déplacement en triangle. Imaginez une boîte carrée qui est au sol devant vous. Vos pieds reposent sur la base près de vous. Pour se tasser vers la gauche, le déplacement consiste simplement à déplacer en premier votre pied gauche sur le coin gauche du carré et votre pied droit vient ensuite prendre la place qu'occupait votre pied droit. Lorsque le déplacement est devenu naturel, un partenaire vous frappe à la verticale à l'aide d'un *shinai*. Votre déplacement doit être fluide et léger.

On peut naturellement faire le même exercice pour contrer des attaques au poing. L'important est d'apprendre à se déplacer avec légèreté. À partir du moment où l'on se retrouve sur le côté de l'adversaire, on pourra utiliser une multitude de techniques pour le neutraliser. Mais si on désire pratiquer l'aspect vent, on recherchera surtout des techniques pour déséquilibrer l'adversaire.

Le vide

10 novembre 2003

Votre adversaire est devant vous, il semble enragé. Mis à part la fuite, deux possibilités s'offrent à vous. Dans le premier cas, vous élaborez une savante stratégie. Lorsqu'il donnera son coup de poing, vous vous déplacerez de côté et…

Dans la seconde stratégie, vous laissez un petit soupir parce que ça ne vous tente peut-être pas d'avoir à vous battre. Vous avez l'impression que vos pensées s'arrêtent, que vous êtes en attente. Votre esprit est étrangement calme, prêt à recevoir n'importe quel type d'attaque, prêt à réagir à tout moment, mais toujours dans cet étrange état d'esprit qui frôle presque la relaxation. Vous êtes dans ce cinquième élément qui est le vide.

Sur quoi repose le vide ?

Le vide contient tous les autres éléments. C'est ce qui va faire réagir notre corps indépendamment de notre intellect. C'est ce qui va permettre de synchroniser notre réaction avec nos émotions du moment, et ce, en fonction du type et de l'intensité de l'attaque de l'adversaire. Il n'y a malheureusement pas d'école où l'on peut apprendre à maîtriser le vide. Seuls l'expérience et l'entraînement peuvent nous amener à saisir la puissance de cet élément.

On peut cependant s'entraîner à ne pas intellectualiser nos réponses à une agression. On peut également s'entraîner à développer notre vitesse de réaction. Un exercice simple consiste à réagir selon l'élément que notre partenaire nous dira au moment où il nous frappe.

L'habilité à maîtriser le vide est proportionnelle à notre maîtrise des quatre autres éléments. Il est facile de deviner ici qu'un art martialiste qui ne s'entraîne que dans un ou deux des quatre éléments est incomplet. Il pourra certes faire face à plusieurs situations, mais pas à toutes, et c'est celles-là qui sont les plus importantes.

Clés de bras

17 novembre 2003

Notre style d'art martial possède un large éventail d'outils nous permettant de contrer un adversaire agressif. Les clés de bras font partie de cette panoplie d'outils. Sous cette appellation de clés de bras se cache tout un assortiment de techniques. Take ori, *o gyaku*, *omote gyaku*, *shi o nage* ne sont que quelques exemples de techniques. Elles peuvent s'appliquer au niveau du poignet, du coude ou de l'épaule. Elles ont habituellement pour but de déséquilibrer, de faire suivre par la douleur ou encore d'immobiliser l'adversaire.

Le premier niveau d'apprentissage d'une clé de bras est mécanique. On doit apprendre comment diriger le bras afin de lui donner la forme voulue. On doit apprendre à mouler le bras dans sa forme technique. Cette première acquisition reste cependant statique, sans vie réelle.

Faire vivre la clé ou vivre la clé

Une clé de bras, comme toute technique utilisable dans les arts martiaux, ne doit pas s'imposer. On ne choisit pas de faire telle ou telle clé, c'est la technique qui doit venir à nous. Une clé ne peut s'utiliser que sous certaines conditions qui ne se répéteront pas nécessairement dans une situation similaire. Le choix d'une clé repose sur plusieurs facteurs. Force physique de l'adversaire, souplesse articulaire, positionnement stratégique, grandeur de l'adversaire sont autant de facteurs qui peuvent faire échouer l'application d'une clé efficace.

On ne devrait jamais choisir et programmer l'application d'une clé spécifique. C'est la situation qui décide de ce que l'on peut faire. En situation réelle, on laisse la clé appropriée s'exécuter d'elle-même. La chose la plus importante à ne pas oublier est qu'il ne faut jamais s'obstiner à faire fonctionner une technique. Être bon dans les arts martiaux, c'est de pouvoir s'adapter et passer rapidement à une autre technique si ce qu'on fait ne fonctionne pas bien.

Le feu

27 décembre 2003

La semaine dernière, nous avons vu, sur les cours, la puissance de frappe de l'eau. Nous avons expérimenté comment l'élément eau nous permet de voir les failles de l'adversaire, lorsqu'il attaque. Cette semaine, le feu est à l'honneur.

La direction de l'énergie du feu est généralement vers l'avant. C'est une énergie qui nous amène à foncer. La plupart des styles d'arts martiaux sportifs utilisent le feu comme élément premier. Tout le monde est capable d'être feu jusqu'à un certain point.

Le bon *kamae* avec la bonne attitude

La difficulté commence au moment où votre adversaire est également feu. Que se passe-t-il si votre adversaire décide d'aller de l'avant et de tenter de vous frapper ? La plupart des gens ont le réflexe de se fermer les yeux. Ils se laissent prendre à une émotion de panique, durant une fraction de seconde. C'est cette fraction de seconde qui fait la différence entre une explosion d'agressivité et une canalisation contrôlée d'énergie.

Celui qui maîtrise le feu regardera venir l'attaque de l'adversaire avec lucidité et sang-froid. Il aura le temps d'analyser la situation et de prendre la décision appropriée. *jumonji* est un *kamae* qui est utilisé pour canaliser cette énergie du feu. Il permet au corps de bouger rapidement et lorsqu'il est bien maîtrisé, il permet de développer ce phénomène de vision au ralenti si utile dans les arts martiaux. L'étape la plus difficile est l'état d'esprit. Il est important d'apprendre à voir (ce qui naturellement implique le fait de ressentir aussi) et gérer nos émotions dans l'action. Pour ce faire, il existe un exercice simple. Il s'agit premièrement que vous et votre partenaire preniez position en *jumonji*. Lorsque votre partenaire amorce son attaque, vous devriez être capable de riposter avant même que son attaque ait parcouru la moitié du chemin.

Le feu est la canalisation de l'agressivité. Mais, pour qu'il soit efficace, il faut qu'il soit contrôlé, dominé. Il ne s'agit pas simplement de perdre la tête. Oui l'adrénaline donne de la force, mais jumelée à la rage, elle peut entraîner une mauvaise coordination.

Remerciements

Je tiens à remercier tous les professeurs qui m'ont guidé et qui m'ont inspiré tout au long de ma carrière, en particulier Hatsumi sensei qui s'est montré si généreux envers les Occidentaux. Je tiens également à remercier mon étudiant et ami Éric Pronovost qui a participé à la correction du livre. Un gros merci à mes deux étudiants qui ont fait la page couverture, Guillaume Durand et Olivier Maillette. Également un sincère merci à mon ami Frédéric Simard qui a encore une fois fait le montage et la jaquette du livre. Merci à tous mes étudiants sans lesquels le titre de professeur ne veut rien dire. Et enfin, merci à ma compagne qui me supporte quotidiennement dans ma passion que sont les arts martiaux.

Bernard Grégoire
Shihan Bujinkan Québec

Du même auteur

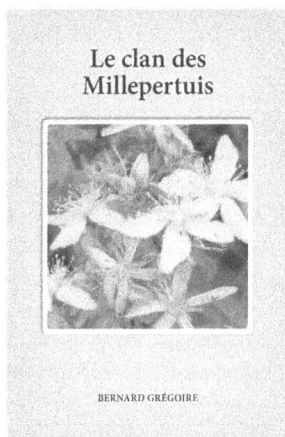

Le clan des Millepertuis

Le clan des Millepertuis est un roman jeunesse basé sur la philosophie du guerrier et des arts martiaux. Cette histoire présente un jeune à la recherche de son identité. Se promenant de maison d'hébergement en centre d'hébergement, Nathan Bowman sera recruté par une organisation obscure qui a pour tâche de former des guerriers. Séparé en bas âge de sa mère, il se donnera pour mission de la retrouver.

Au fil du récit, le lecteur se familiarise avec la pensée guerrière et aborde plusieurs facettes de la philosophie du guerrier. Un livre qui offre des redécouvertes à chaque relecture.

www.clanmillepertuis.org

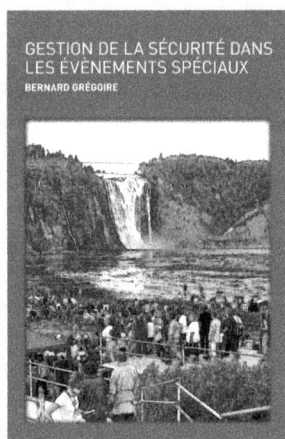

Gestion de la sécurité dans les évènements spéciaux

Que ce soit pour gérer la sécurité d'une foule de mille, dix mille ou cent mille personnes, il y a des principes et des règles à respecter. Ce livre s'adresse aux professionnels de la sécurité. Il intéressera autant l'agent sur le terrain que les responsables qui doivent superviser la sécurité des foules lors de divers évènements. La logistique de tels rassemblements ne s'improvise pas. Ayant eu à gérer des foules jusqu'à 70 000 personnes, Bernard Grégoire est un spécialiste de ce type de gestion. Dans ce livre, il partage avec les lecteurs une partie de ces connaissances.

Dans le domaine de la sécurité, il suffit parfois d'une seule erreur pour perdre sa réputation. Ce manuel est un outil indispensable pour éviter l'irréparable.

www.ingramcontent.com/pod-product-compliance
Lightning Source LLC
Chambersburg PA
CBHW051954090426
42741CB00008B/1384